ERWIN RAPHAEL McMANUS

EL GENIO DE JESÚS

EL HOMBRE QUE LO CAMBIÓ TODO

WHITAKER
HOUSE
Español

EL GENIO DE JESÚS
El hombre que lo cambió todo

Publicado originalmente en inglés bajo el título The Genius of Jesus por Convergent, Books, marca registrada de Random House, una división de Penguin Random House, LLC, New York.

Library of Congress Cataloging- in Publication Data Names: McManus, Erwin Raphael, author. Title: The genius of Jesus / Erwin Raphael McManus. Description: New York: Convergent, [2021] Identifiers: LCCN 2021012922 (print) | LCCN 2021012923 (ebook) | ISBN 9780593137383 (hardcover) | ISBN 9780593137390 (ebook) Subjects: LCSH: Jesus Christ— Example. | Genius. Classification: LCC BT304.2 .M36 2021 (print) | LCC BT304.2 (ebook) | DDC 232— dc23 LC record available at lccn.loc.gov/2021012922 LC ebook record available at lccn.loc.gov/

Traducción publicada por acuerdo con Convergent Books, marca de Random House, una división de Penguin Random House, LL.

© 2021 por Erwin Raphael McManus
Impreso en los Estados Unidos de América

ISBN: 978-1-64123-762-8
eBook ISBN: 978-1-64123-763-5

Traducción al español por:
Belmonte Traductores
Manuel de Falla, 2
28300 Aranjuez
Madrid, ESPAÑA
www.belmontetraductores.com

Editado por: Ofelia Pérez

Whitaker House
1030 Hunt Valley Circle
New Kensington, PA 15068
www.whitakerhouse.com

Por favor, envíe sugerencias sobre este libro a: comentarios@whitakerhouse.com.

1 2 3 4 5 6 7 8 9 10 11 ⊔⊔ 28 27 26 25 24 23 22 21

Juno Boogie McManus Goss:
este libro está dedicado a ti.

Al escribir estas palabras, todavía no nos han presentado formalmente.

Nos conoceremos pronto, pero la aventura amorosa ya ha comenzado.

Eres la hija de mi hija, y eso significa que eres amada doblemente.

Pasaste tu primer año creciendo en el interior del ser humano más extraordinario que conocerás jamás.

Las Escrituras nos dicen que, antes de que nacieras, Dios ya te conocía. Antes de que respiraras por primera vez, Él te llamó.

Él te entregó al mejor papá y la mejor mamá que podrías esperar nunca. Nosotros los llamamos Jake y Mariah.

Él te dio un tío llamado Aaron McManus, que siempre estará a tu lado pase lo que pase.

Él te dio una tía llamada Paty, y su familia tiene muchas ganas de conocerte.

Él te entregó a una familia increíble de la cual tienes el apellido Goss.

Ellos son de Arkansas, y te aman tanto como te amamos nosotros.

Y, claro está, Él te entregó a tu abuela Kim, quien ya te adora. Ella será tu favorita.

Y yo... yo soy tu abuelo. Me llamo Erwin. Escribí este libro para ti.

Antes de que respires por primera vez, quiero que sepas que eres un genio.

Nunca antes ha habido, ni tampoco habrá jamás, alguien como tú nacido en esta tierra.

Tú eres única. Eres inigualable.

Bienvenida al mundo. Te necesitamos aquí.

Nunca cuestiones cuánto eres amada.

Igual que el oxígeno que respirarás con cada aliento (sin pensarlo nunca dos veces), así estarás siempre rodeada y envuelta de amor.

Nuestro amor y el amor infalible que Jesús tiene por ti estarán a tu lado.

Nunca olvides que Dios es amor y que has sido creada como un objeto de su amor.

Él es la fuente de todo lo que tu alma anhelará jamás en esta vida.

Espero que algún día leas este libro y te ayude a descubrir tu propio genio.

Pero si olvidas todo lo que he escrito en este libro,

por favor, nunca olvides esto...

Te amo.

Salvi

ÍNDICE

CAPÍTULO UNO   El genio 9

CAPÍTULO DOS   El prodigio 35

CAPÍTULO TRES   El genio de la empatía........................ 57

CAPÍTULO CUATRO   El genio del poder 91

CAPÍTULO CINCO   El genio de la gracia 119

CAPÍTULO SEIS   El genio del bien 143

CAPÍTULO SIETE   El genio de lo verdadero 161

CAPÍTULO OCHO   El genio de lo hermoso 183

Reconocimientos................................203

Acerca del autor 207

Capítulo Uno

EL GENIO

He pasado toda mi vida adulta estudiando el genio y buscando a Dios. Siempre consideré esas búsquedas como mutuamente exclusivas: una de ellas, una cuestión de potencial humano; la otra, un asunto de fe. Pero mientras más tiempo vivimos, más comenzamos a entender que cosas que antes pensábamos que eran narrativas dispares en nuestra vida, en realidad siempre estuvieron entretejidas. Mi fascinación por el genio y mi apertura a Dios estaban las dos arraigadas en una búsqueda desesperada de algo que me permitiera trasladar mi vida desde lo trivial hasta lo trascendente.

Aunque mi búsqueda era académica, siempre fue mucho más personal. Cuando era pequeño, me sentía atrapado dentro de mis propias limitaciones, y deseaba encontrar una senda que me condujera a un yo más elevado y mejor. Yo era Peter Parker antes de que la araña radioactiva lo picara. Esperaba que hubiera algo extraordinario dentro de mí, dentro de todos nosotros, que pudiera transformarnos y convertirnos en nuestro yo más heroico.

La mayoría de mis amigos envidiaban a deportistas, o músicos, o actores. Yo envidiaba a filósofos, científicos e inventores, cualquiera que pudiera ver algo que era invisible para todos los demás. Podía vivir con que alguien fuera más rápido, o más fuerte, o más inteligente que yo; pero sencillamente no quería estar ciego a las posibilidades interminables de lo desconocido.

El temor, claro está, era que no pudiera encontrar ningún genio en mi interior; ningún Dios que pudiera despertar mi originalidad, o al menos compensar mi falta de ella. Una cosa que he aprendido a lo largo de mi vida es: buscamos lo que no tenemos, y deseamos lo que tememos que no poseemos. Yo deseaba ser algo más que un compuesto de carbono sin ningún significado; por lo tanto, me convertí en un estudiante del genio y un explorador en busca de Dios.

Estoy convencido de que, cuando experimentamos expresiones de genio, eso eleva nuestra propia capacidad personal. Cuando lo vemos hecho, sabemos que es posible. Cuando un ser humano logra lo extraordinario, se convierte en una vara de medir para todos los que siguen. ¿Se habría convertido Kobe Bryant en una superestrella si no hubiera habido un

Michael Jordan? ¿Habría un Stephen Hawking si no hubiera habido un Albert Einstein? ¿Habría un Elon Musk si no hubiera habido un Nikola Tesla? La grandeza inspira grandeza. El genio provoca el genio.

Hay un puñado de personas que consistentemente forman la lista de los mayores genios de la historia. Mi lista siempre comienza con Leonardo da Vinci, el hombre del Renacimiento por excelencia. Su genio tocó casi todos los campos del esfuerzo humano. Fue inventor, artista, arquitecto, científico, músico, matemático, escultor, ingeniero, astrónomo, botánico, cartógrafo y muchas otras cosas. Fue un futurista con una perspectiva sin paralelo, que presagió la invención del submarino y del helicóptero. Aunque solamente completó quince obras de arte a lo largo de su vida, está considerado quizá como el mejor pintor de todos los tiempos.

Hay muchos otros que me vienen a la mente. En el ámbito de la música, Wolfgang Amadeus Mozart y Ludwig van Beethoven utilizaron las mismas doce notas para generar la complejidad, la belleza y el arte de la música clásica. En el campo de las ciencias están Albert Einstein, Marie Curie, y más recientemente Stephen Hawking. En el cine, los directores Orson Welles y Alfred Hitchcock fijaron la medida para la narración trascendente. En el juego del ajedrez hubo un Bobby Fischer, quien estableció un estándar de genio en un juego de intelecto. En el mundo de la tecnología y los negocios tenemos el genio innegable de Steve Jobs y Bill Gates.

Cada uno de estos individuos tiene atributos únicos que lo hacen destacar no solo del resto del mundo, sino también de los mejores en el mundo. Ellos veían el mundo de modo diferente, y crearon un futuro que no habría existido sin ellos. Como Copérnico y Galileo, transgredieron nuestra perspectiva de la realidad y nos forzaron a ver el mundo con ojos nuevos. Sus ideas han dado como resultado viajes espaciales y energía solar. Nos han dado un modo de luchar contra el cáncer y una manera de salvar nuestro planeta. Nos han dado el Internet y las herramientas para explorar y expresar nuestra propia creatividad. Cuando vimos el mundo a través de sus ojos, nunca más pudimos volver a verlo del mismo modo.

El concepto de genio nació en los escritos de los filósofos griegos. En las obras de Platón, Sócrates habla de los demonios que inspiran el genio de los grandes hombres. Desde medicina hasta matemáticas, desde la filosofía hasta la física, los griegos fueron un manantial de logros. Su mundo fue el lugar de nacimiento de Homero, Pitágoras, Euclides, Hipócrates, Aristóteles, Arquímedes y, desde luego, Alejandro Magno. Para ellos, el genio despertaba cuando lo divino tocaba lo humano, en esos momentos cuando los héroes de antaño se elevaban por encima del estatus de hombres comunes y corrientes. Algunas expresiones de creatividad humana fueron tan trascendentes, que solamente podían ser atribuidas a los dioses.

En la época del Imperio Romano, el reparto de genio se había vuelto más concreto. Los romanos atribuían el genio a un lugar o a la posición de una persona, en vez de a la persona misma. Se suponía que simplemente ser coronado César significaba que la persona cargaba con la marca de genio, una suposición que la historia ha demostrado que es totalmente errónea. Aun así, los romanos fueron perceptivos a la hora de observar que una persona no era ni un genio ni la poseedora del genio. Somos poseídos por el genio. Es algo que se nos entrega, algo que se nos confía. El genio se consideraba un otorgamiento que llegaba o se iba a capricho de los dioses.

El genio es inseparable del proceso creativo. La palabra "genio" expresa la capacidad de ser generativo. El genio da nacimiento a algo nuevo. El genio crea. La marca de genio verdadero es que lo imposible se hace posible. Lo inescrutable se vuelve conocible. Lo invisible se hace visible. El genio da existencia al futuro con sus palabras. El genio se expresa a sí mismo en todos los campos en los cuales los seres humanos crean. Siempre que haya un campo de logro humano, existe el potencial para la expresión del genio.

El genio no siempre tiene el Cociente de Inteligencia más alto, la mejor educación académica, o incluso el conocimiento más global de su campo; pero su combinación de originalidad, imaginación, creatividad, perspectiva, pasión e inteligencia se funden para ayudarlo a ver el mundo de modo diferente; y entonces esa persona crea un mundo diferente. Aunque con frecuencia atribuimos el título de "genio" a un individuo, esa designación solo llega como resultado de la naturaleza extraordinaria de su trabajo.

Debe haber algo que podamos señalar y describir como una obra de genio genuina; sin embargo, estas obras de genio en raras ocasiones son reconocidas por sus contemporáneos. Con frecuencia, los genios se enfrentan con celos y resistencia por parte de sus iguales. Esto se debe, y no en una parte pequeña, al hecho de que el genio a menudo va acompañado de autocomplacencia, compulsión irracional, y quizá incluso un toque de locura. Y si todo el genio es tocado por la locura, entonces también es tocado por lo divino.

Cuando yo estudiaba el genio en la universidad, esperando revelar mi propio y fugaz sentimiento de propósito, tuve un encuentro con Jesús de Nazaret. De manera inesperada, mi búsqueda de genio y mi búsqueda de Dios convergieron en una sola persona: el ser humano más transformador que haya vivido jamás.

· · ·

SIEMPRE QUEDO PERPLEJO cuando considero cómo ha sido transformada mi vida por completo por una persona que vivió hace más de dos mil años atrás.

La ironía, claro está, es que yo no tenía ni idea de que estaba en un viaje de fe.

Crecí siendo esencialmente irreligioso, aunque siempre me consideré a mí mismo una persona profundamente espiritual. No es que no fui tocado por la religión; simplemente no era definido por ella.

Como inmigrantes de El Salvador, mi familia se habría considerado católica romana, aunque nuestra fe era más algo que heredamos y no algo a lo que nos adherimos, y en raras ocasiones asistíamos a la misa. Por alguna razón, era importante para mi mamá que todos nosotros fuéramos confirmados en la Iglesia Católica. Alrededor de los diez años de edad, mi hermano y yo hicimos el catecismo y la confirmación, y recibimos nuestra primera comunión. Fue mi primera experiencia con la religión organizada, lejos de ser la última.

Tenía yo doce años cuando mi mamá, que siempre había sido curiosa intelectualmente, trajo a casa una estatua de Buda de color verde jade y la colocó en un lugar destacado en nuestra sala, donde lo veíamos mientras llevábamos a cabo nuestras tareas diarias. Acariciábamos su vientre para atraer a la buena suerte. Realmente necesitábamos algo de buena suerte. Al echar la vista atrás ahora, me doy cuenta de cuán difícil debió haber sido la vida de mi mamá en aquella época. Cuando tenía poco más de veinte años, ya era la mamá de dos hijos varones. Su matrimonio con mi papá había terminado, y el peso de nuestros futuros había recaído por completo sobre sus hombros. Trabajaba como aeromoza de la Pan Am para sostenernos, y hacía todo lo necesario para darnos una nueva vida. Debió haberse preguntado muchas veces dónde estaba Dios en medio de todas sus luchas.

Mi mamá nunca se habría llamado a sí misma budista, pero dijo que compró la estatua porque estaba abierta a cualquier cosa que pudiera traernos mejor suerte. Incluso entonces parecía ineludible que nuestra búsqueda de fe estaba conectada profundamente con nuestras luchas personales en la vida. Mi mejor recuerdo es que el Buda sonriente no duró mucho tiempo. La vida se puso más difícil; y también la fe. Un día, en lo que imagino que fue un momento de profunda decepción y frustración, mi mamá agarró el Buda y lo destruyó. Ese fue el final de nuestra breve exploración del misticismo oriental.

Un par de años después hubo un terremoto terrible en Managua (Nicaragua) que mató a miles de personas. Recuerdo que mi mamá estaba muy sobresaltada al escuchar las noticias de ese desastre natural tan cerca de su hogar. Ella me expresó que ya no creía en un Dios personal que estaba activamente involucrado en los asuntos humanos. ¿Cómo podía un Dios amoroso permitir tal tragedia sin sentido? Ella seguía creyendo en la existencia de Dios, pero llegó a la conclusión de que era incapaz de ayudarnos, o era indiferente a nuestro dolor y sufrimiento.

Comenzó a escuchar las enseñanzas del rabino Harold Kushner, cuya obra surgió más adelante en el libro *Cuando a la gente buena le pasan cosas malas*. La filosofía de Kushner convenció a mi mamá de que ella estaba más cerca del judaísmo que de cualquier otra religión o sistema de creencias. Yo rápidamente tomé prestado su ejemplar del libro y me devoré los escritos de Kushner. Todavía recuerdo el modo en que él explicaba la relación de Dios con el sufrimiento humano. Aunque Dios se interesaba genuinamente, enseñaba Kushner, desgraciadamente era incapaz de ayudarnos en nuestros momentos de necesidad. Aquello encajaba bastante bien en mi propia experiencia. Si Dios estaba ahí, no era muy útil.

Parece extraño decirlo, pero había un solaz en creer que Dios tenía buenas intenciones hacia nosotros, incluso si no eran bien ejecutadas. Mi mamá se vio atraída a la expresión progresiva de judaísmo de Kushner porque explicaba la ausencia de Dios en su dolor, a la vez que le permitía seguir creyendo en su bondad. Causaba una buena sensación saber que Dios no era indiferente a nosotros, es solo que estaba sobrepasado. Aun así, si esta vida es más de lo que Dios puede manejar, hay que comenzar a preguntarse cómo es posible que podamos sobrevivir.

Al mirar atrás, nuestro viaje de fe era muy parecido a un hombre que va vagando por un desierto, y que avanza desde un bebedero hasta el siguiente. Cuando encontrábamos un nuevo maestro o una nueva cosmovisión, nuestra sed quedaba satisfecha por un momento; pero muy rápidamente nos encontrábamos de nuevo sedientos y desesperados.

El viaje espiritual de mi mamá durante mis años más formativos causó un gran impacto en mí. Ella era sincera en su búsqueda de Dios y de la verdad; siempre estaba abierta, era curiosa y optimista, siempre dispuesta a cambiar de opinión cuando descubría que estaba equivocada. Hasta la fecha, es una de esas pocas personas capaces de un cambio radical, incluso sin temor. Nunca quedaba satisfecha con la ignorancia. Si algo podía llegar a conocerse, ella encontraría un modo de descubrirlo.

La manera en que somos amados cuando somos niños influencia nuestra capacidad de creer en Dios en nuestra vida adulta. Si somos educados para ser abiertos de mente, curiosos e inquisitivos, tendremos menos temor y también menos resistencia al misterio, a la incertidumbre y a lo trascendente. Pero cuando nuestras experiencias como niños nos convencen de que no se puede confiar en las personas, no debería sorprendernos si nos encontramos a nosotros mismos resistentes incluso a confiar en un Dios al que no podemos ver y a quien no conocemos. Si nos encontramos como víctimas del dolor profundo, el desengaño y la desilusión cuando somos jóvenes, esas cosas también se convierten en factores importantes para nuestro desarrollo espiritual. Todo esto, sin duda, describe mi niñez. Por amor a otros a quienes amo, no entraré aquí en detalles. Baste con decir que muchos de nosotros caminamos con cojera debido a heridas que recibimos cuando apenas podíamos mantenernos en pie por nosotros mismos.

En ese punto me encontraba al inicio de mi propio viaje espiritual. Ni siquiera tenía doce años de edad cuando mi mamá y mi padrastro me enviaron a ver a un psiquiatra por primera vez. Yo tenía un trastorno del sueño: pesadillas, sonambulismo, insomnio. También me iba mal en la escuela, estaba decaído y era poco sociable. Mis padres veían los síntomas, pero era mucho peor de lo que ellos podían entender. Yo era callado e introvertido, el tipo de niño que pasa la mayor parte de su tiempo escondido en su mundo interior. Aunque no era culpa de ninguna otra persona, me sentía profundamente desconectado de quienes me rodeaban, y batallaba con una profunda sensación de insignificancia que me conducía por una senda de depresión y desesperanza. Los niños tienen que procesar realidades de adultos (divorcio, abandono, rechazo, fracaso, abuso) mediante su limitado conocimiento y su experiencia en la vida. Yo carecía de las herramientas para enfrentar las duras realidades del mundo, y mi mundo interior sufría.

En la escuela yo era un niño extraño, preguntándome siempre cómo todos los demás excepto yo parecían tener las capacidades para pertenecer. Me sentía de ese modo incluso con mi propia familia. O yo no encajaba en el mundo, o el mundo no encajaba conmigo. Por lo tanto, creé mi propio mundo, un universo en mi cabeza. Imaginé un nuevo yo, una nueva vida, un mundo nuevo dentro de mi imaginación. Allí tenía muchos amigos. Siempre pertenecía, y nunca quería irme. Ese mundo quedó tan grabado en mi imaginación que todavía permanece conmigo.

Con el tiempo, mi modo de escapar de una vida para la que no me sentía adecuado se convirtió en el material para crear una vida mejor y un mundo mejor. Imaginaba los ideales que sentía que faltaban en la vida real, hasta que, un día, encontré la valentía para comenzar a materializarlos. La imaginación había sido mi medio de escape; ahora era mi medio para crear.

En ese tiempo, sin embargo, lo único que sabía era que, en algún lugar, de algún modo, mi alma necesitaba encontrar sanidad. Sin tener un lenguaje para definirlo entonces, ahora entiendo que aquello era mi búsqueda de Dios. No sabía dónde mirar, de modo que miraba a todas partes.

En la universidad me dieron a conocer a Sócrates. Me sentí impulsado por su búsqueda de la verdad y su amor por las preguntas. También pensé que tenía importancia que él estuviera dispuesto a morir, y de hecho entregó su vida, por la búsqueda de la verdad. Sócrates me preparó para Jesús, quien también amaba las preguntas y era igualmente impulsado a buscar la verdad a cualquier costo. Sin embargo, Jesús fue un paso más allá, en que el sacrificio de su vida llegó a un costo más grande y fue para un propósito mayor.

Cuando comencé conscientemente una búsqueda de Dios, de la verdad y de la fe como adulto, reflexioné en mis raíces de la niñez en el catolicismo romano. Había asistido a las misas suficientes para tener la imagen de la crucifixión marcada en mi conciencia. La misa se realizaba en latín, y cada vez que entrabas en la catedral tenías la sensación de retroceder mil años en el tiempo. Los sacerdotes vestían túnicas muy largas con colores brillantes y sombreros muy altos que señalaban al techo. Todo el mundo estaba callado, y una sensación de reverencia llenaba cada centímetro del espacio.

Incluso cuando era niño, me fascinaba el simbolismo de los rituales que habían permanecido igual a lo largo de los siglos; aunque debo admitir que la adoración siempre me parecía más un funeral que una boda. Estaban la comunión y la confesión, pero nunca la celebración. Incluso Jesús parecía estar atrapado en la angustia. La imagen del Cristo siempre era una imagen de sufrimiento y tristeza: un hombre sangrando sobre un crucifijo. Estoy seguro de que durante la misa alguien mencionó que Jesús resucitó de la muerte, pero la resurrección quedaba eclipsada por el hombre que colgaba en la cruz y que tenía delante de mis ojos. Para nosotros, la historia de Jesús siempre terminaba en la cruz. Esa fue la contribución singular de Jesús al mundo; el suyo era el ejemplo de la virtud del sufrimiento.

Nunca entendí cómo la muerte de alguien que vivió hace tanto tiempo atrás podía de alguna manera tener significado para mi vida. Sin embargo, había algo profundo, hermoso, incluso romántico en torno a esa imagen, que me perseguía. Me inspiraba a considerar posibilidades inimaginables. Si Dios pudo hacerse un ser humano, entonces cualquier cosa era posible. Más que eso, abrió mi mente a considerar la existencia de lo trascendente. Me impulsó a buscar respuestas que ni siquiera estaba seguro de que existieran.

¿Es posible que haya un Dios?

¿Es posible conocer su historia?

¿Es posible encontrar a Dios en nuestra propia historia?

Sin duda, yo tenía una inclinación. Mi búsqueda no era objetiva. Era humana. Esperaba que hubiera algo más en esta vida de lo que yo había llegado a conocer.

Si pudiera encontrar a Dios, quizá también podría encontrar la sanidad que mi alma deseaba. Si encontraba a Dios, quizá también podría encontrar el significado de la vida. Si encontraba a Dios, quizá también podría encontrar mi propia senda hacia el genio.

. . .

Nunca olvidaré el libro clásico de Robert Heinlein, *Ruta de Gloria*. Este libro personificaba todo lo que yo deseaba para mi propia vida. Había un personaje llamado Evelyn Cyril Gordon, también conocido como "Easy" o "Flash". Gordon no sabe qué hacer con su vida cuando, de repente, ve un anuncio en el periódico que hace la pregunta: "¿Es usted un cobarde, o es el héroe que estamos buscando?".

Responde al anuncio, y poco después una mujer exótica llamada Star lo invita a una gran búsqueda, cargada de peligro y de dragones, y de la posibilidad de que el retorno de Gordon sea improbable. Sus aventuras lo obligan a cuestionar todo lo que antes creía que era verdad, y a abrir su imaginación a cosas que antes pensaba que eran imposibles. Incluso al final del libro, cuando se han conseguido todas las cosas, él se pregunta si realmente llegaron a suceder. Solo en las últimas páginas, cuando es invitado a hacer otro viaje por la Ruta de Gloria, se da cuenta de que todo fue real.

Incluso en mi adolescencia yo buscaba mi "ruta de gloria". Esperaba que algún día alguien me llamara a una aventura que tuviera cierto tipo de propósito cósmico. Quería que mi vida importara de algún modo. Tenía que creer que también había en mí una parte de héroe. No buscaba a Dios con la esperanza de una vida después de la muerte. Buscaba a Dios con la esperanza de que hubiera algo más en esta vida que simplemente existir. Al mirar atrás ahora, puedo ver la razón por la que, desde la escuela primaria en adelante, comencé a estudiar las obras de los genios.

Parece haber unas pocas características consistentes donde surge el genio. El genio ve lo que nadie ha visto y oye lo que nadie ha oído. Explica lo que no podría entenderse, y crea lo que no podría imaginarse. Sea lo que sea lo que el genio hace con sus talentos, lo hace mejor de lo que nunca jamás se ha hecho y, por lo regular, logra que parezca fácil mientras lo hace.

Si tuviera que hacer una lista breve de lo que marca a un genio, diría:

1. Es hereje.

2. Es original.

3. Es transformador en su campo.

4. Es extremista.

Es hereje en cuanto a que transgrede el estatus quo y desafía nuestras creencias y valores más profundamente arraigados. Es original en cuanto a que ve el mundo desde una perspectiva que nunca antes ha existido. Es transformador en cuanto a que su vida se vuelve un marcador del antes y el después. Es extremista en cuanto a que se obsesiona en su búsqueda del acto creativo y está convencido de la importancia singular de su pasión.

Parece fortuito y casual que el concepto de genio se inventara en torno a la misma época en que Jesús de Nazaret caminó por esta tierra. Si los griegos y los romanos estaban en lo correcto al considerar el genio como la expresión de lo divino consumiendo lo humano, entonces Jesús sería la expresión más grande de ese fenómeno que la humanidad haya visto jamás: un ser humano viviendo en la plenitud de lo divino. Un ser humano que es a la misma vez plenamente presente y plenamente trascendente. Einstein vio un modo nuevo de hacer matemáticas. Fisher vio un modo nuevo de jugar al ajedrez. Jesús vio un modo nuevo de ser humano, un modo de vivir cada momento plenamente presente y plenamente vivo. Imagina si cada una de tus decisiones y cada una de tus acciones creara solamente y siempre lo bueno, lo hermoso y lo verdadero. El genio de Jesús es que Él nos enseña cómo volver a ser otra vez humanos.

Y, sin embargo, nunca he visto una lista de los héroes más grandes de la historia que haya incluido a la persona de Jesús. ¿Cómo es posible que Jesús de Nazaret, que cambió de modo único y singular el curso de la historia moderna, no amerite ser mencionado entre las mentes más grandes de la historia humana? ¿Cómo el genio de Jesús ha sido tan extrañamente pasado por alto?

Imagino que probablemente se debe a que sentimos que debemos aceptar a Jesús como divino, o descartarlo por completo; sin embargo, debería ser más cierto precisamente lo contrario. Si no lo aceptamos como divino, entonces parecería imposible negar su genio. ¿Cómo si no podemos explicar que una sola persona ha impactado a la humanidad de modo tan drástico? Sin duda, si Jesús es quien Él afirmó ser, si Jesús es Dios, entonces su impacto en la historia humana sería totalmente esperado.

Mi decisión, hace más de cuarenta años atrás, de rendirme a la persona de Jesús ha cambiado para siempre la dirección de mi vida. Jesús ha impactado singularmente mis valores, mi mentalidad y las decisiones que he tomado. El resultado de ese cambio me ha convertido en un mejor esposo, un mejor padre y, sin duda alguna, en una mejor persona. Aunque tengo defectos muy profundos, no puedo negar los cambios tangibles que ha habido en mi vida como resultado de mi relación con Jesús.

En palabras sencillas, Jesús me ha hecho un mejor ser humano. O tal vez, Jesús me hizo humano otra vez.

Los datos van mucho más allá de mi propia experiencia personal. Por más de dos mil años, millones de personas en todo el mundo han sido transformadas mediante su fe en Jesucristo. Si tú fueras un antropólogo cultural que busca examinar este fenómeno desde una perspectiva puramente científica, tendrías una muestra de tamaño masivo. El grupo de control se extiende por toda la historia moderna, en cada uno de los estratos económicos y educativos, y prácticamente en todas las culturas sobre la faz de la tierra.

Los académicos tienen incluso un término para el modo en que una cultura es transformada mediante la creencia en Jesucristo: "redención y elevación". En su libro

Underdevelopment Is a State of Mind (El subdesarrollo está en la mente), el economista Lawrence E. Harrison observaba que la mentalidad cristiana tuvo un efecto mensurable en el desarrollo económico y la prosperidad de las sociedades. Su análisis se enfocó, no en el techo de la riqueza, sino en las condiciones de vida y el bienestar del ciudadano común. En pocas palabras, ciertas mentalidades y sistemas de creencias crean los mecanismos psicológicos internos necesarios para elevarse por encima de la pobreza cuando se da la oportunidad.

El valor de la educación, el trato hacia las mujeres, la emergencia de una mentalidad emprendedora, la responsabilidad personal por las decisiones: todos ellos fueron elevados en las sociedades cristianas. Harrison de ninguna manera estaba defendiendo la validez de creer en Jesús. Simplemente identificó una realidad económica. Incluso si Jesús es solamente una idea, esa idea cambia el modo en que los seres humanos encaran la vida. ¿Hay alguna otra idea que haya producido alguna vez ese tipo de cambio?

Desde una perspectiva puramente histórica, eso tendría que ser identificado como una obra de un genio. Pero es un tipo de genio diferente al que situamos en el punto central. El genio de Jesús se pasa por alto porque es global en lugar de estar contenido en una disciplina en particular.

El genio, como regla, no es transferible. Podrías pasar toda tu vida con Mozart y nunca llegar a ser un gran compositor. Podrías pasar tu vida con Picasso y nunca llegar a ser un gran pintor. Si pasaras tu vida con Michael Jordan, aun así no conseguirías llegar a la NBA a menos que midieras seis pies seis (1,98 metros) y tuvieras un salto vertical de cuarenta pulgadas (un metro).

Con Jesús, su genio es drásticamente lo contrario. Parecería que su genio es contagioso. Cuando alineas tu corazón con Jesús, eso comienza un proceso de transformación, y poco después comienzas a vivir tu vida como lo haría Jesús. Se produce, si puedo utilizar el término, una transferencia de genio. A causa de Jesús, he observado a personas que han sido imprudentes en sus relaciones comenzar a valorar a los demás por encima de sí mismos. He visto a hombres superar toda una vida de arrogancia y decidir definir sus vidas por la fortaleza de la humildad. He conocido a individuos de una riqueza significativa pasar de una vida de codicia a una vida de generosidad. He experimentado la hermosa transformación de quienes estaban atrapados en la depresión y la desesperanza al encontrar ojos nuevos para ver la belleza y la maravilla de la vida.

¿Qué otras ideas han demostrado alguna vez este tipo de poder transformador?

Voy a ser transparente. Creo plenamente en la divinidad de Jesús y en la precisión histórica de todas las Escrituras. Creo que Dios intervino en la historia humana, se hizo carne y sangre y caminó entre nosotros, y que su nombre es Jesús. Eso no disminuye mi fascinación con la humanidad de Jesús; y tampoco disminuye su genio.

Si tú eres una persona de fe, tal vez te resulte ofensivo explorar el genio de Jesús aparte de su divinidad; pero creo que por mucho tiempo hemos atribuido todo lo que Jesús hizo, y todo lo que era, a su naturaleza divina. Aparte de convencernos de su divinidad, me pregunto: ¿qué podemos aprender del Jesús que caminó sobre el agua, alimentó a cinco mil con solo cinco peces y dos panes, y sanó a los enfermos? ¿Podría ser que nuestra fijación en lo milagroso nos haya cegado a lo transcendente?

Incluso cuando Jesús sanaba, siempre tenía una intención más profunda. Él nunca alardeaba; intentaba cambiar el modo en que vemos la realidad. Cuando sanó a una persona ciega, habló de nuestra ceguera e insistió en que Él vino para darnos la vista. Era una metáfora envuelta en lo milagroso; un modo de captar nuestra atención para que supiéramos que había algo más detrás de lo que pueden ver los ojos. Igual que una gallina que queda absorta ante un objeto en particular, todavía tenemos que apartar nuestros ojos de lo espectacular y ver al Jesús que está delante de nosotros.

Al final, Él no fue crucificado por los milagros que hizo. Fue crucificado porque transgredió el modo en que la gente veía a Dios, las Escrituras, a sí mismas, y el mundo que les rodeaba. Jesús fue un hereje según todas las definiciones. Sin embargo, una cosa demuestra ser verdad una y otra vez: cuando Jesús cambia tu modo de ver la realidad, nunca puedes volver a verla del mismo modo.

No ver a Jesús como un hombre es rebajar la complejidad de su pensamiento, el brillo de sus ideas, el poder de su carácter, y la belleza de quién era Él en plenitud. Espero que las páginas siguientes cambien esa omisión. Jesús está, sin duda, entre los genios más grandes del mundo. Más que eso, estoy convencido de que Jesús sobresale por encima de todos los demás.

· · ·

INCLUSO AHORA ME encuentro yo mismo en un lugar curioso en mi propio viaje espiritual. Siempre ha existido una gran tensión en mi vida por tener convicciones profundas y también interminables preguntas persistentes. Estoy convencido de que una persona puede tener una fe profunda y también una duda profunda al mismo tiempo. De hecho, he descubierto que la disposición a cuestionarlo todo (a explorar la profundidad de las creencias y las dudas propias) a menudo nos conduce a nuestras ideas más profundas.

La vida tiene su modo de examinar cuidadosamente lo que realmente sabemos. Cuando somos jóvenes, estamos convencidos de que lo sabemos todo y no tenemos incertidumbre sobre nada. Pero, a medida que maduramos y crecemos, somos más conscientes de todo lo que no sabemos. La madurez nos libera no para conocer menos, sino para conocer el menos que realmente importa. Me encanta tener conversaciones con personas cuyas creencias han pasado por la crisis, la incertidumbre y lo desconocido.

Hace años atrás, un querido amigo se enfermó con un cáncer terminal. Él tenía la seguridad de que Dios le había dicho que sería sanado, y algunos de sus amigos más cercanos afirmaron su creencia. Recuerdo la agitación interior que sentí cuando me pidió que validara lo que él creía que era la voz de Dios garantizando su sanidad. Era alguien a quien yo quería mucho. Con cada fibra de mi ser, quería confirmar su creencia en su sanidad inminente. No pude hacerlo.

Mi silencio habló muy alto. Lo máximo que pude hacer fue afirmar que también yo quería que fuera sanado.

Unos días después empeoró, y fui para acompañarlo en las últimas horas antes de su muerte. En cierto momento, él agarró gran parte de las pocas fuerzas que le quedaban para preguntarme sin rodeos si él había impuesto a Dios sus esperanzas. No hubo necesidad alguna de responder. Fue doloroso escuchar mientras ese hombre al que yo admiraba, confesó que había equivocado su deseo de vivir conforme a la voluntad de Dios. Se disculpó por intentar hacer que me posicionara en estar de acuerdo con él, o ser considerado como carente de fe.

Me parece extraño que cualquiera que se enfrenta a la muerte pudiera sentir que era necesario disculparse por creer demasiado; o al menos por creer que sabía lo que de hecho no sabía. Eso, sin duda, no es lo que recuerdo de él, pues fue uno de los hombres más nobles que he conocido jamás. Lo que más recuerdo es que, incluso hasta el final de su vida, mi amigo nunca dejó de aprender y crecer. Enfrentó la incertidumbre suprema. Pensó que conocía algo que no conocía, y eso no le costó su fe. Cuando llegó a entender que el cáncer iba a arrebatarle la vida, eso no tuvo efecto sobre su confianza o su fe en Jesús. Al final, Jesús era lo único que él conocía por seguro.

Esa, más que ninguna otra cosa, ha sido la fuerza impulsora de mi propio viaje espiritual. ¿Qué sabemos realmente? No estoy seguro de si esta pregunta debería perseguirnos, inspirarnos o impulsarnos, pero es la pregunta que me despierta día tras día y me mantiene despierto una noche tras otra. ¿Por qué estamos aquí? ¿Hay algún significado en nuestra existencia? ¿Es todo un accidente? ¿Somos todos nosotros los productos de la causa y la probabilidad? ¿Podemos realmente conocer las cosas que más importan?

Yo no quiero saber el cómo. Quiero saber el porqué. Quiero saber por qué estoy aquí. Quiero saber por qué esto me importa tanto. Quiero saber por qué existo. Y quizá, si el universo fuera tan amable, me encantaría saber quién: ¿quién está detrás de todo esto?

¿Y en qué estaba Dios pensando cuando nos dejó a oscuras?

Me confunde el hecho de que sí creo, y que creo muy profundamente. Con sinceridad, una razón muy importante por la que soy impulsado a creer es debido a quién era yo, en quién me he convertido, y en quién me sigo convirtiendo. Mi maestra de literatura inglesa en la secundaria me dijo que no me molestara en ir a la universidad porque nunca lo lograría. Cuarenta años después, soy el autor de diez libros, he ganado premios como escritor y he recibido un doctorado en Humanidades. Yo no tenía un futuro antes de mi encuentro con Jesús. Ahora, por más de treinta y cinco años he viajado por todo el mundo y me he ganado la vida como futurista asesorando a corporaciones y siendo *coach* de CEOs, de emprendedores y líderes del mundo de los negocios, los deportes profesionales y la educación superior.

Estoy convencido de que mi vida es el resultado del genio de Jesús, y que el genio de Jesús tiene tanto que ver con quien es Él como también en quien te hace convertirte. Jesús, tal como descubriremos, tiene todos los atributos de un genio. Él veía el mundo como nadie lo había visto nunca. Veía el potencial humano donde era imperceptible para los demás. Elevó toda la definición de lo que significa ser humano. Pero su verdadero genio estuvo en hacer que el genio fuera transferible. Jesús despierta el genio en todo aquel y cualquiera que confíe en su dirección y camine en sus huellas. Si permites que Jesús cambie tu mente, despertará el genio en tu interior. No te hará ser grande en la física o la música; te dará ojos nuevos para ver la belleza y la maravilla que te rodea. Te convertirá en un conducto para lo bueno, lo hermoso y lo verdadero. Despertará en tu interior todo lo que necesitas para estar vivo plenamente. ¿Y si todos somos gusanos a la espera de convertirnos en mariposas? ¿Y si el genio de Jesús es que Él sabe cómo liberar el genio en todos nosotros?

Una cosa es cuando un genio nos da música nueva, una nueva forma de arte o de tecnología, o un gran avance en la ciencia y la medicina. Pero, aunque los genios pueden darnos un mundo mejor donde vivir, casi nunca nos hacen ser mejores, más amables, más compasivos, más honorables, más valientes, más humanos.

Piensa en la frase que utilizamos a menudo como excusa para nuestra peor conducta: "Bueno, soy solo humano". Nuestra historia como especie está plagada de amor y odio, de compasión y violencia, de tradición y lealtad, de amargura y perdón. Todo ello es igualmente la historia humana. La tragedia es que, en algún lugar a lo largo del camino, las peores expresiones de nuestra naturaleza se convirtieron en la norma, y lo mejor de nosotros quedó perdido en los ideales. La religión nos dijo que todos éramos pecadores y que la penitencia era nuestra única esperanza. Mitigó nuestra culpabilidad y vergüenza, pero no nos ofreció ningún medio de restaurar nuestra humanidad. Jesús cambió esa narrativa. Nos reveló cómo se debe vivir plenamente como humanos mediante su propia vida, y después nos llamó a reclamar nuestra intención original de reflejar la imagen de Dios en nuestra humanidad.

Jesús aplicó su genio a los dilemas humanos más profundos. ¿Somos como especie realmente las peores expresiones de nosotros mismos, motivados por ideales que están más allá de nuestro alcance, o somos más humanos cuando perseguimos esos ideales aunque continuemos viviendo por debajo de ellos? En todas sus acciones, desde confrontar el uso del nombre de Dios y el poder de la religión organizada como un medio para manipular y oprimir a los pobres y los indefensos, hasta la elegancia de resumir más de 613 leyes religiosas en un solo mandamiento, establecer el amor como el principio director del universo, hasta reformular el poder como servicio, Jesús redefinió el núcleo del problema humano como la condición del corazón humano. Todos los problemas del mundo dependen de esta única verdad: hemos visto al enemigo, y está en nosotros. Sin embargo, Jesús nos mostró en sí mismo quienes siempre habíamos de ser. Su vida y sus enseñanzas nos obligan a confrontar tanto lo peor como lo mejor dentro del espíritu humano, a la vez que nos ofrecen un camino hacia una nueva humanidad.

Si Picasso se ofreciera a trabajar como tu mentor con la promesa de que algún día podrías pintar como él, ¿lo harías? ¿Incluso si te tomara toda una vida?

Si Bobby Fisher se ofreciera a tomarte bajo su tutela para transformarte en el mejor jugador de ajedrez del mundo, pero te dijera que te tomaría toda tu vida, ¿aceptarías?

Si Mozart te convenciera de que, si le entregaras tus siguientes cuarenta años, podrías oír los sonidos que solamente él oye en su imaginación, y después serías capaz de plasmarlos en música, ¿valdría la pena que dieras tu vida?

En Jesús se nos ha hecho exactamente ese tipo de invitación. El genio de Jesús es completamente transferible. Su genio puede convertirse en tu genio.

Es mi esperanza que, a medida que vamos revelando la persona de Jesús, encontremos en Él la manera más asombrosa y transformadora de vivir verdaderamente.

Capítulo Dos

EL PRODIGIO

Mientras que están aquellos cuyo brillo emerge más adelante en la vida, con bastante frecuencia sucede que el genio queda revelado a una edad muy temprana. Cuando el genio de una persona es innegable en la niñez, decimos que esa persona es un prodigio.

Wolfgang Amadeus Mozart tenía solamente tres años de edad cuando comenzó por primera vez a tocar el clavicémbalo. Compuso su primera pieza de música cuando solo tenía cinco años. Del mismo modo, Pablo Picasso expresó su genio por el arte a una edad temprana. La leyenda cuenta que cuando aprendió a hablar siendo pequeño, lo primero que pidió fue un lápiz. A los nueve años de edad, Picasso pintaba en óleo, superando rápidamente las destrezas de su padre artista. Fue admitido en la prestigiosa escuela de arte La Llotja en Barcelona, y produjo más de veintidós mil obras de arte durante sus años de vida.

En el campo de las matemáticas, Blaise Pascal sobresale como un prodigio. Es interesante que el papá de Pascal sintió que no era importante enseñar matemáticas a sus hijos a una edad temprana. Su educación se enfocaba en la literatura y los idiomas en lugar de las matemáticas. Sin embargo, a los doce años de edad, Pascal había inventado secretamente su propia terminología matemática, y descubrió independientemente casi todas las pruebas geométricas de Euclides. Trágicamente, Pascal vivió una vida muy breve. Falleció a la edad de treinta y nueve años; pero aun así vivió el tiempo suficiente para sobresalir en los campos de las matemáticas, la física y la filosofía, y para desarrollar lo que llegaría a conocerse como la apuesta de Pascal, que utiliza la teoría de la probabilidad para argumentar a favor de la creencia en Dios.

Los prodigios nos dan la oportunidad poco frecuente de estudiar el genio en su forma más pura y más cruda. Si podemos entender los orígenes del genio, podríamos descubrir cómo replicarlo para nosotros mismos. Dicho de otro modo, podemos preguntar: ¿Qué hace un genio instintivamente que nosotros podríamos comenzar a hacer de manera intencionada?

Descubrí la relación fundamental de la pérdida del pensamiento divergente en la edad adulta y su impacto perjudicial en cada disciplina de la vida mientras trabajaba con universidades para desarrollar programas de maestría y doctorado, cuando asesoraba a CEOs y emprendedores, cuando daba *coaching* de vida a deportistas profesionales y ligas deportivas, y era consultor de iglesias y de denominaciones. Según un estudio, al menos el 95 por ciento de los niños son pensadores divergentes antes de los doce años de edad. En otras palabras, por naturaleza estamos inclinados a pensar fuera del molde. Nadie necesita enseñarnos a ser creativos; somos creativos por diseño.

El mismo estudio concluyó que, a la edad de doce años, el 95 por ciento de nosotros nos convertimos en pensadores convergentes, lo que quiere decir que resolvemos problemas mediante la conformidad y la estandarización. Ese no sería un mal cambio si significara que añadíamos una nueva habilidad a nuestra capacidad natural para el pensamiento divergente, pero, de hecho, el pensamiento convergente sustituyó al pensamiento divergente. ¿Cómo es posible que comenzamos nuestras vidas con una inclinación natural a ser creativos y terminamos con una inclinación natural a conformarnos? Nacemos únicos y originales, pero demasiados de nosotros morimos trágicamente comunes. Hemos confundido crecer con renunciar a nuestro genio.

En su obra *Breakpoint and Beyond* (El poder de la atracción del futuro), publicada en 1993, George Land y Beth Jarman detallaron su trabajo en la NASA y más adelante en el programa Head Start. En 1968 habían realizado un estudio para probar la creatividad, y posiblemente el genio, de 1.600 niños y niñas de tres a cinco años de edad, todos ellos matriculados en el programa Head Start. Volvieron a hacer el test a los mismos niños y niñas a los diez años de edad y de nuevo a los quince (un estudio longitudinal). Los resultados son reveladores, casi una imputación a nuestro sistema educativo moderno.

La proporción de personas que puntuaron al "Nivel Genio" estaba, entre niños de cinco años, en el 98 por ciento; entre los de diez años era del 30 por ciento; entre los de quince años era del 12 por ciento; y entre los adultos (280.000 de ellos con una edad promedio de treinta y un años) era del 2 por ciento.

"Lo que hemos concluido", escribió Land, "es que la conducta no creativa se aprende".

También se puede argumentar que el genio es claramente intrínseco y que la rareza del genio es una conducta aprendida. Yo me aventuraría a decir que hay un genio dentro de cada uno de nosotros. La pregunta que demanda una respuesta es la siguiente: ¿adónde se fue, y qué estaríamos dispuestos a hacer para reavivar el genio en nuestro interior?

He entrevistado a incontables personas y he realizado cientos de sondeos informales mientras me dirigía a audiencias en todo el mundo. Cuando pregunto a una sala: "¿Cuántos de ustedes se describirían como genios creativos?", el número de personas que responden afirmativamente es, por lo general, menos del 1 por ciento. El 99 por ciento de la sala se considera poco creativo, y en el mejor de los casos les gustaría ser creativos como aquellos a quienes admiran.

Por lo regular, hago una pregunta de seguimiento: "¿Cuántos de ustedes se considerarían eruditos lingüísticos?". Los que dicen que lo son es incluso menor del 1 por ciento. Si la sala está llena de estadounidenses, la mayoría de ellos hablan solamente inglés. ¿Quién cree que es un erudito lingüístico cuando conoce un solo idioma?

Pero les recuerdo que todos ellos aprendieron a hablar uno de los idiomas más difíciles y complejos del mundo cerca de los dos años de edad. ¿Cómo aprende un niño un idioma si no es un erudito lingüístico? Entonces les propongo que, si se hubieran mudado a algún otro lugar del mundo a esa edad, habrían aprendido ese idioma con la misma facilidad. Si se hubieran mudado a Tokio, habrían aprendido japonés como si fuera su primer idioma. Si se hubieran mudado a Manila, habrían hablado tagalo. Si se hubieran mudado a Río de Janeiro, habrían hablado portugués. Y, claro está, si se hubieran mudado a Londres, habrían aprendido el inglés de la Reina.

El hecho es que todo niño es un erudito lingüístico. Quizá convencieron a su cerebro de que solo necesitaba conocer un idioma, pero este fue siempre capaz de hacer lo increíble.

Lo mismo es cierto en otras áreas de nuestras vidas. Tuvieron que enseñarnos a colorear sin salirnos de las líneas. Tuvieron que enseñarnos a pensar dentro del molde. Tuvieron que enseñarnos que las respuestas correctas son lo que nos hace tener la razón. Tu instinto natural era pensar fuera del molde; eras un pensador divergente por diseño. Tuvimos que sacar la creatividad de ti mediante la educación. Antes de que cumplieras los doce años, eras un prodigio. No estoy seguro de quién eres ahora, pero conozco el potencial con el que fuiste creado.

¿Quiénes éramos de niños? ¿Había una chispa de genio en todos nosotros de la que no éramos conscientes, o quizá hemos olvidado? Quizá al encontrar el genio de Jesús de niño, podamos descubrir el nuestro.

La historia ha demostrado que el genio expresado en la niñez no garantiza el éxito en la edad adulta. Por cada niño prodigio cuyos talentos tempranos presagiaban una vida de genio creativo, hay otros diez más cuyas historias terminaron pronto, ya fuera en tragedia o en un resultado mediocre. Demasiadas veces, la carga del talento descubierto demasiado pronto es demasiado pesada para que la lleve un ser humano. Cuando el genio carece de carácter, se convierte en el material de la locura.

Pero ¿y si el genio estuviera arraigado en el carácter de la persona, en características tales como integridad, fidelidad, incluso humildad? Con frecuencia consideramos el genio como una expresión de talento, de "lo que hacemos". En raras ocasiones pensamos en el genio como una expresión de esencia, o "lo que somos". Jesús cambia la categoría de genio, de talento e intelecto a esencia y sabiduría. Quizá sea esta la razón principal por la que nos olvidamos de Él cuando hablamos de genio humano.

Citamos a Jesús diciendo que, a menos que nos volvamos como niños, nunca entraremos en el reino de los cielos. Él también dijo que su Padre ha escondido de los sabios aquello que ha revelado a los niños. Quizá haya más en esas enseñanzas de lo que se ve a primera vista. Tal vez la mejor manera de ver qué podemos llegar a ser como humanos es vernos a nosotros mismos con los ojos de un niño.

· · ·

Si tú eres una persona cuya vida entera ha sido moldeada por la persona de Jesús, puede ser frustrante que se sepa tan poco acerca de su vida desde su nacimiento hasta la edad de treinta años. Conocemos menos sobre los primeros años de la vida de Jesús que quizá de cualquier otra persona de igual estatura a lo largo de la totalidad de la historia humana. Si la intención de Dios era que viviéramos nuestra vida del modo en que Jesús lo hizo, podríamos pensar que se habría ocupado de dejarnos muchos más detalles acerca de sus primeros treinta años de vida.

La realidad es que no podemos hacer nada acerca del silencio que nos ha quedado sobre la vida y la persona de Jesús. Al mismo tiempo, eso resalta la importancia de las pocas cosas que se nos dicen acerca de Él antes de aparecer en escena a la edad de treinta años.

Lucas resume todos los años desde el nacimiento de Jesús hasta su adolescencia en una sencilla afirmación: "El niño crecía y se fortalecía. Estaba lleno de sabiduría, y el favor de Dios estaba sobre el". Entonces, a los doce años de edad, finalmente se nos da nuestro primer presagio de quién era Jesús en su niñez.

Cada año, escribe Lucas, Jesús y sus padres iban a Jerusalén para la fiesta de la Pascua. La Pascua es una importante fiesta judía que celebra el éxodo de los israelitas de la cautividad en el antiguo Egipto. Comienza el día quince del mes hebreo de Nisán en la primavera, y muchos judíos observan la fiesta durante siete días. Históricamente, era una tradición que quienes podían viajar hasta Jerusalén para celebrar esta fiesta hacían. Cuando Jesús tenía doce años, su familia asistió a la fiesta como era su costumbre. Tras la celebración, emprendieron el regreso a su hogar en Nazaret, pero Jesús se quedó atrás en Jerusalén. Sus padres no lo extrañaron al principio, porque pensaron que estaría entre los otros viajeros, pero cuando no apareció en el campamento aquella tarde, comenzaron a buscarlo entre sus parientes y amigos. Cuando no pudieron encontrarlo, regresaron a Jerusalén para buscarlo allí.

Tres días después, finalmente descubrieron que estaba en el Templo, sentado entre los maestros religiosos, escuchándolos y haciendo preguntas. Todos los que lo escuchaban estaban asombrados por su entendimiento.

En aquellos tiempos, el Templo habría sido el equivalente hebreo del simposio griego. Las mentes más educadas y brillantes de Israel se reunían allí para conversar de todos los asuntos de la vida. Diseccionaban la Torá y discutían sobre el significado de la Ley y los Profetas. Interpretaban las enseñanzas de las Escrituras. Sus conversaciones abarcaban diferentes temas, desde cómo debía vivir el pueblo hebreo hasta la naturaleza misma de Dios, y también conceptos tan abstractos como la existencia de la eternidad y la naturaleza trascendente de la humanidad. Bajo circunstancias normales, que alguien de doce años entrara en ese espacio e interrumpiera unas conversaciones tan importantes se habría considerado un acto de insolencia y también un sacrilegio. Aquellos hombres no se habrían tomado bien la intrusión, lo que nos revela cuán convincente debió haber sido Jesús desde el inicio.

Sus padres no sabían qué pensar. Su mamá le preguntó: "Hijo, ¿por qué nos has hecho esto? Tu padre y yo hemos estado de un lado a otro, buscándote por todas partes".

"Pero ¿por qué necesitaban buscar?", preguntó él. "¿No saben que debo estar en la casa de mi padre?".

En esta sola declaración, Jesús revela que sabía exactamente quién era y qué debía lograr en esta tierra. Muchos de nosotros pasamos toda nuestra vida intentando averiguar quiénes somos y por qué estamos aquí. Incluso desde niño, Jesús nunca estuvo perdido; tenía claridad en cuanto a su identidad y su intención. Siempre sabía dónde estaba y hacia dónde iba. Imagina tener ese nivel de claridad en tu propia vida. Puede parecer una frase trillada, pero Jesús podía ver lo real y genuino.

Además de esto, los Evangelios no dicen mucho acerca de la niñez de Jesús. Después de ser descubierto en el Templo, regresó a Nazaret con sus padres y fue obediente a ellos. Jesús crecía en sabiduría, en estatura, y en favor con Dios y con todas las personas. Lucas nos dice que su madre guardaba "todas estas cosas" en su corazón.

Existen relatos apócrifos de Jesús haciendo milagros en sus primeros años de vida que aluden a su divinidad. En uno de ellos, el joven Jesús devuelve la vida a un pájaro: un presagio de su poder sobre la muerte y la promesa de la resurrección. Entiendo el atractivo de añadir color a la niñez de Jesús, especialmente si confirma nuestras creencias profundamente arraigadas en que Jesús era Dios. Pero por románticas y mágicas que puedan ser todas esas historias, son innecesarias para confirmar la naturaleza prodigiosa de Jesús. El relato de Él enseñando en el Templo está lleno de información acerca de la singularidad de Jesús.

Hay mucho en esta historia que señala al lado oscuro del genio. A menudo, las personas que son genios en algún área descuidarán lo obvio en otras áreas de la vida diaria. Pensemos en el multimillonario que muere solo, lejos de sus exesposas y de sus hijos descuidados emocionalmente. O en el jugador de fútbol americano del Salón de la Fama que, con cuarenta años de edad, está viviendo en su vehículo tras haber derrochado los cien millones de dólares que ganó durante su carrera. Pensemos en el científico que comete crímenes contra la humanidad porque considera a las personas menos valiosas que su investigación. Lo que es obvio para el genio, en raras ocasiones parece obvio para el resto de nosotros. Lo que es obvio para el resto de nosotros es algo a lo que el genio parece estar extrañamente ajeno con mucha frecuencia.

A la edad de doce años, la mayoría de nosotros sabíamos que, si desaparecíamos durante tres días, eso causaría que nuestra mamá tuviera un ataque al corazón, y evocaría la ira de nuestro papá. Pero Jesús se fue sin pedir permiso a sus padres, o no consideró que fuera necesario al menos informarlos. (No se puede pasar por alto que les tomó tres días a los padres de Jesús encontrar a su hijo extraviado. Creo que si a mí me hubieran otorgado la educación del Hijo de Dios, ¡habría prestado mucha más atención!). Cuando finalmente lo encontraron, Él pareció sorprendido por el ánimo frenético de María y su preocupación justificada.

En su interacción, Jesús demuestra muchas de las características comunes de un prodigio que intenta encajar en un mundo de personas que ven todas las cosas de modo diferente a él o ella.

La característica singular de un prodigio es que descubre su genio temprano en la vida. Mientras todos los demás están haciendo las cosas comunes de la niñez, el prodigio encuentra su enfoque. De algún modo, incluso de niño, sabe que el violín pertenece a su mano. Se obsesiona. Un prodigio tiene un llamado, más que un talento. Otros podrían intentar alejarlos de aquello para lo cual nacieron, pero ellos encuentran su pasión y aplican su genio a ello contra todo pronóstico. Cualquier cosa que se interponga en el camino de su enfoque singular será descartada y dejada a un lado.

No es diferente con Jesús. Incluso con doce años, Él sabía exactamente de qué se trataba su vida. Vino para restaurar nuestra humanidad frente a Aquel que nos creó. Razón por la cual, cuando María demandó una explicación para su ausencia, Él afirmó lo obvio: "¿No sabían que debo estar en la casa de mi padre?". Era como si estuviera diciendo: "Si entendieran mi intención, no habrían tenido duda acerca de dónde buscarme".

Uno esperaría encontrar a Beethoven al lado de un piano. Esperaríamos encontrar a Miguel Ángel en la Capilla Sixtina. Si estuviéramos buscando a Bobby Fisher, lo encontraríamos en el tablero de ajedrez más cercano. El artista siempre encuentra su lienzo. El genio se mueve hacia su medio como una polilla que es atraída a la luz.

Jesús fue un prodigio que nunca perdió de vista su genio. Mientras que la mayoría de nosotros nos perdemos en la complejidad de la vida, el joven Jesús tenía ya una claridad que en raras ocasiones se alcanza. Él sabía lo que anhelaba el corazón humano, y sabía cómo guiarnos hacia su satisfacción. Ese era su genio. Y nunca dejó de perseguirlo mientras vivió.

Aunque el prodigio no escoge su llamado, sí es su decisión aceptar ese llamado y liberar su genio.

El propósito de Jesús era unir divinidad y humanidad. Cualquier cosa que iba a lograr en este mundo, comenzó con este momento en el Templo: el lugar donde se suponía que habitaba la presencia de Dios. Durante miles de años, los hombres más santos habían pasado toda su vida intentando encontrar ese pasaje hacia Dios aparentemente elusivo. Su antepasado Moisés había sido llamado un "amigo" de Dios. Habló con Dios cara a cara, como un amigo habla con otro amigo. Los profetas de antaño conocían a Dios y podían oír su voz incluso cuando les hablaba en un susurro. Para ellos, Dios era una presencia íntima, y no simplemente una idea. Pero en la época en que Jesús nació, esa intimidad se había perdido.

Cuando Jesús fue al Templo, seguía siendo el lugar singular donde Dios había prometido que el pueblo encontraría su presencia; sin embargo, habían pasado cuatrocientos años y lo único que conocían era silencio. Los sacerdotes y líderes religiosos hacía mucho tiempo que habían perdido cualquier esperanza de que hubiera algo real detrás del ritual de la religión. Dios ya no era su amigo, sino un rumor que había que temer. Antes conversaban con Dios en ese terreno sagrado; ahora se reunían allí solamente para conversar sobre Dios. No podían escuchar cuán alto había estado hablando Dios durante cuatrocientos años de silencio. ¿Reconocerían incluso su voz si volvieran a escucharla otra vez?

El Templo era el contexto para la conversación que Jesús vino a tener con toda la humanidad. Fue allí donde Dios y el hombre debían reunirse en comunión. Fue allí, en el epicentro de la religión, donde se perdió la trama. Era allí donde la conversación debía comenzar otra vez.

Cuando entró en el Templo, Jesús se encontró rodeado por quienes tenían miedo a pronunciar el nombre de Dios. Sin embargo, entró en ese lugar hablando de Dios como su padre. El significado de su afirmación no podría haber estado más claro. La promesa del Templo fue cumplida en la persona de Jesús. Él era la intersección entre cielo y tierra. Él era el punto de unión del creador y la creación. Él era Dios caminando entre nosotros, en carne y sangre.

¿Dónde, si no, podría estar Jesús excepto en el Templo?

Jesús estuvo allí por tres días, en profunda conversación con expertos en la Torá y los maestros de la Ley. Aquellos hombres habían pasado su vida entera estudiando el texto antiguo que conocemos como las Escrituras. Ellos eran también los guardianes de las más de 613 leyes que habían sido añadidas a la Ley y los Profetas, y que dictaban la conducta y las vidas diarias de los israelitas. Se nos dice que Jesús se sentó entre aquellos grandes maestros durante días, escuchándolos y haciéndoles preguntas. Una cosa es que un niño de doce años tenga información memorizada por mera repetición, y otra bastante distinta que entienda la complejidad del material lo bastante bien para plantear preguntas significativas.

Esta parte de la historia siempre me ha fascinado. Lucas escribe que los expertos de la Ley se sorprendieron por la comprensión de Jesús y por sus respuestas. Pero, precisamente antes de esa afirmación, se nos dijo que estaba sentado entre ellos escuchándolos y haciendo preguntas. Eso nos hace preguntarnos si Jesús dio alguna respuesta.

En mi experiencia, las respuestas más profundas son siempre preguntas. Son las preguntas que nos persiguen, que nos fuerzan a ver la verdad que preferiríamos evitar. ¿Dónde está Dios en nuestro sufrimiento? ¿Es nuestra existencia por azar, o estamos aquí por intención? ¿Por qué mi alma anhela lo que no conozco? ¿Estamos solos en este universo? ¿Hay amor, y por qué es tan elusivo? ¿Estoy demasiado quebrantado para ser sanado? ¿Podemos conocer a Dios?

Recuerdo que años atrás estudié el fenómeno del pueblo baka, que vive en los bosques pluviales africanos. A la edad de doce años, los niños de esta tribu desconocida amasan un conocimiento de botánica de nivel de licenciatura. Lo que nosotros consideramos prodigioso es, para ellos, simplemente las habilidades y el conocimiento necesarios para sobrevivir en el ecosistema más peligroso del mundo. Los niños son capaces de un aprendizaje inimaginable, en especial cuando sus vidas dependen de ello.

Aquí, parece que Jesús sabía que su vida dependía no solo de conocer las Escrituras, sino también de conocer al Dios de las Escrituras. Se encontró en conversación con quienes habían obtenido un conocimiento académico de las Escrituras, pero se hallaban trágicamente sin la sabiduría de Dios. En los relatos de los Evangelios aprendemos que aquellos hombres tan poderosos habían usado las Escrituras para justificar el racismo y la intolerancia, para imponer la corrupción y la codicia, y para mantener cautivos a los pobres y a los quebrantados, privando de la gracia al pecador. Habían corrompido el significado del día de reposo y habían usado su prohibición contra el trabajo como un medio de privar de compasión a enfermos y pobres. Esos hombres habían usado la religión para hacer necios a los sinceros, y pensaban que eran demasiado inteligentes para que los agarraran. Incluso de niño, Jesús podía ver sus intenciones.

Jesús sabía de algún modo lo que no debería haber sido capaz de saber. Más adelante, Juan, el escritor del Evangelio, nos dice: "Pero Jesús no se fiaba de ellos, porque conocía a todos". Él no necesitaba que los eruditos y los líderes religiosos del Templo le hablaran sobre la humanidad, pues sabía exactamente lo que había en cada persona. Del modo en que la mayoría de nosotros podemos ver la luz del sol, Jesús podía ver la oscuridad dentro del corazón humano.

Después de tres días, aquellos hombres que se enorgullecían de su intelecto, su experiencia, y su conocimiento de las Escrituras se encontraron sentados a los pies de este niño.

Quizá fue porque Jesús había alcanzado en su adolescencia lo que a la mayoría de nosotros nos resulta elusivo a lo largo de toda nuestra vida, aquello para lo cual fue construido el Templo.

Él había encontrado unidad con Dios.

La mayoría de nosotros suponemos que, si alguna vez encontráramos a Dios, sucedería al final de nuestro viaje.

Pero, para Jesús, la búsqueda solo podía comenzar con Dios. Para quienes lo escucharon en el Templo, el conocimiento de Dios que tenían era de segunda mano en el mejor de los casos; si no, de hecho, solamente un rumor. Jesús encontró la esencia que ellos habían estado buscando antes de haber abandonado su búsqueda.

En este encuentro vemos la verdadera naturaleza del genio de Jesús: cómo se relacionó con personas de todos los trasfondos, y cómo lidió con la controversia, el conflicto y la oposición. Aunque el genio de Jesús era inspirado divinamente, Él lo expresaba constantemente mediante las pequeñas interacciones y los conflictos que tú y yo encontramos cada día.

Es aquí donde nuestra exploración del genio de Jesús tiene su potencial latente. Si su divinidad está por encima de nosotros, me pregunto: ¿lo está su humanidad? ¿O podría ser que el propósito de su naturaleza divina sea restaurar nuestra naturaleza humana?

Antes de seguir avanzando, podría ser útil que te plantearas algunas preguntas de diagnóstico:

¿Has abrazado tu identidad? ¿Sabes quién eres?

¿Has descubierto tu intención? ¿Sabes por qué has sido puesto en esta tierra?

¿Eres inquisitivo de modo interminable? ¿Estás haciendo las preguntas correctas?

¿Estás ampliando los parámetros de tu intuición? ¿Estás abierto a lo desconocido?

¿Está tu esencia arraigada en la intimidad con Dios? ¿Conoces al Dios que te ama?

Cualquier genio que hay en tu interior no te fue dado para tu beneficio personal, sino para el bien de otros. El genio es una forma de mayordomía. Para liberar tu genio, debes decidir cargar con el peso de la gran responsabilidad. Cuando María preguntó a Jesús por qué había ido al Templo, su respuesta reflejaba una intención no negociable: "¿No sabían que debo estar en la casa de mi padre?". Él debía estar allí. Debía hacer eso. Aquello no era opcional. Era su propósito.

Hubo muchas cosas que Jesús no vino a hacer. Él no resolvió todos los problemas del mundo ni quitó de sus puestos a líderes corruptos. También hubo muchas cosas que Jesús hizo, pero que no eran su propósito. Él sí sanó a enfermos, pero no sanó a todos los enfermos. Vino a salvar a la humanidad de sí misma. Vino a hacer lo que nadie más podía hacer. De este modo, todas las manifestaciones de genio son el resultado del hiperenfoque. No solo nuestro genio nos consume, sino que también define nuestra intención. En su peor aplicación, el genio crea una compulsión implacable hacia una pasión singular. El genio crea a la vez enfoque y anteojos.

Esto me lleva de regreso a esa chispa de genio que todos tenemos de niños. Aunque tal vez estés convencido de que no hay nada único en ti, puedo asegurarte lo siguiente: hay genio en tu interior del que tal vez seas totalmente inconsciente. Y tu genio es a la vez tu responsabilidad y tu mayordomía.

Yo vi genio en Kim, mi esposa, que quedó huérfana a los ocho años de edad. Cuando creció, decidió ser maestra de tercer grado, e invirtió su vida en los niños y niñas de ocho años. En su salón de clase ella era un genio creativo, construyendo castillos y barcos, y creando un mundo al que los niños podían ir para amar el aprendizaje y empujar los límites de su imaginación. Ella tomó precisamente la edad a la que la habían abandonado de niña, e hizo que su misión fuera crear un mundo mejor para todo niño de ocho años que entrara en su salón de clase. Hay genio en eso.

Vi genio en mi hijo Aaron, cuando apenas si tenía diez años de edad. El club nocturno donde se reunía cada domingo nuestra iglesia, *Mosaic*, fue clausurado inesperadamente una semana por el Departamento de Policía de Los Ángeles. Yo observé que le abrumó una extraña emoción cuando preguntó si podía diseñar la solución para nuestro problema inminente. Su mente joven y en desarrollo era tan flexible y adaptable, que imaginó la iglesia aquella noche creando diferentes estaciones en un estacionamiento en el centro de Los Ángeles, donde la gente podía moverse de un lugar a otro mientras experimentaban los diferentes movimientos de la adoración. Él organizó a la multitud en grupos de unas veinte personas por estación. En una de las estaciones, un grupo se reunía para cantar y adorar. En otra de las estaciones, un grupo era dirigido en oración guiada. En otra de ellas, se abrían las Escrituras y alguien daba un breve mensaje. Hubo aproximadamente seis estaciones en total aquella noche. Cada quince minutos, la bocina de un auto hacía saber a los grupos que era el momento de pasar a la siguiente estación. Fue un Mosaico hermoso. Mi hijo de diez años se convirtió en un experimentado arquitecto. Hay genio en eso.

Vi genio en mi hija Mariah, cuando compuso e interpretó su primera canción. Era pesimista y un poco inquietante, y francamente preocupó a mi esposa Kim cuando la escuchó. Había mucho dolor en las palabras de Mariah, y la canción nos hizo preguntarnos si habíamos fallado al educarla.

Inmediatamente después de la actuación, preguntamos a Mariah de dónde había sacado esa letra. Ella nos miró como si fuera muy obvio y dijo: "Nunca he sentido ese dolor personalmente. Escribo para el dolor de otros". Nuestra hija tenía empatía musical. En la actualidad, su música la han escuchado millones de personas en todo el mundo, y sus letras se han traducido a idiomas como el español, portugués, mandarín, tagalo y muchos más. Ella pone palabras a los anhelos no declarados del corazón humano. Hay genio en eso.

Vi genio en mi amigo Edwin Arroyave, hijo de inmigrantes colombianos. Con diecisiete años de edad comenzó a trabajar para una empresa de seguridad, desesperado por tener un modo de ocuparse de su familia mientras su papá estaba encarcelado en la prisión federal. Fue entonces cuando tomó una decisión inesperada, pero estratégica, que cambiaría su vida. En lugar de vender sistemas de seguridad a los ricos, como hacía todo el mundo, se enfocó en las comunidades más empobrecidas, que él sabía que necesitaban seguridad más que nadie.

Comenzó a vender a aquellos que habían sido pasados por alto totalmente por todos los expertos en su campo. Como resultado, pasó de la pobreza a convertirse en un millonario hecho por sí mismo. Tiene todo el sentido si lo miramos con perspectiva. Sin duda, quienes viven en zonas de más crímenes necesitan un modo de proteger sus hogares y sus familias. Casi parece extraño que nadie hubiera pensado en eso antes de Edwin. Quizá fueron sus propias luchas y su propio trasfondo lo que le permitió ver el mundo de modo diferente. Esta oportunidad había sido invisible para todos los demás, pero Edwin la vio y construyó un imperio. Era un emprendedor intuitivo. Hay genio en eso.

El genio de Jesús nunca estuvo arraigado en los milagros que hacía, pues eran productos de su divinidad. Su genio estaba siempre establecido en su carácter. Él veía cada momento desde la eternidad; no estaba confuso por lo que nos hace estar más vivos, lo que nos hace plenamente humanos. Desde el inicio mismo, reveló este genio en las preguntas que planteaba, en el modo en que se relacionaba e interactuaba con quienes lo rodeaban y, en última instancia, en su confianza en quién era Él y por qué estaba en esta tierra.

Si decides abrazar el genio de Jesús, nunca volverás a ver el mundo del mismo modo. Nunca volverás a ver a la gente del mismo modo. Nunca volverás a verte a ti mismo del mismo modo. El genio de Jesús está establecido en su sabiduría, pero es inseparable de su amor.

Cómo se desempeña ese amor en la vida diaria, cómo se expresa ese genio en las relaciones diarias con otros seres humanos; ese es el genio que desarrollaremos en las páginas que siguen.

Capítulo Tres

EL GENIO DE LA EMPATÍA

He oído decir que las personas a menudo gravitan hacia la profesión que les ayuda a resolver sus problemas más profundamente personales. Conozco a más de una persona que se hizo terapeuta porque alguien en su familia o incluso ella o él mismo había experimentado trauma en su juventud. He conocido a otros que estudiaron medicina porque alguien en su familia se enfermó cuando ellos eran pequeños, y eso les demostró la importancia del cuidado de la salud. Incluso Martín Lutero originalmente se hizo sacerdote en un intento desesperado de asegurar su propia salvación. Quizá todos estamos compensando algo cuando escogemos nuestras carreras y seguimos nuestras obsesiones.

Supongo que yo mismo sería una evidencia más de que esto es cierto. Desde mis recuerdos más tempranos, siempre me quedaba corto cuando se trataba de lo académico. Si hiciéramos un promedio de mis calificaciones desde el primer grado hasta el duodécimo, estoy bastante seguro de que yo habría sido un alumno de baja calificación.

No era que no me importara. No, era precisamente lo contrario. Al inicio de cada año organizaba mis libros y mis cuadernos, me sentaba lo más cerca del frente posible, y me daba a mí mismo discursos motivacionales acerca de que ese año iba a ser diferente. Entraba en cada clase con deseos de aprender. Pero, con la misma certeza que la puesta del sol, poco después me encontraba quedándome atrás. Sinceramente, sigo sin saber cómo sucedía. Lo único que puedo recordar es que me aburría tanto en las clases, que me retiraba a mis mundos imaginarios.

Era bastante difícil enfrentar mi obvia falta de inteligencia, pero lo que hacía que fuera mucho peor es que estaba rodeado de brillo. Prácticamente cada uno de mis parientes en El Salvador llegó a ser médico. Los de menor rendimiento en la familia eran arquitectos, abogados o emprendedores. Nuestro deporte recreativo era el ajedrez. Del mismo modo que otras familias valoran la fe y la virtud, mi familia valoraba la inteligencia y el logro. Se esperaba de ti que sobresalieras, que lograras cosas, que te elevaras por encima del resto. Cualquier cosa menos que eso era inaceptable.

Si yo hubiera demostrado talento en cualquier cosa en mi niñez, como en música, deportes o lingüística, mis calificaciones habrían sido menos determinantes. O quizá, si por naturaleza hubiera sido una persona más social y extrovertida, habría destacado como un líder nato. En cambio, yo era un niño callado, inseguro, extraño, introvertido, y aislado del mundo exterior. Cada tarjeta de reporte escolar era una oportunidad de volver a visitar mi profundo sentimiento de insuficiencia. Cada temporada deportiva era otra oportunidad para que me pesaran, me midieran y comprobaran que me quedaba corto.

Pero la vida tiene su propio modo de compensación. Cuando se te da mal una cosa, por lo general se te da bien otra. Al menos, esa es la esperanza. Si no eres bueno académicamente, entonces tal vez eres un buen deportista. Si no eres una persona atlética, quizá lo compensas llegando a ser bueno en las matemáticas. Si te encuentras carente tanto en lo académico como en lo deportivo, entonces mírate en el espejo: probablemente eres increíblemente atractivo. Esperamos que la vida tenga un balance natural. Por eso es frustrante cuando el loco de la tecnología es también el defensa estrella del equipo, o el genio de las matemáticas es también el actor brillante.

Mientras que yo estaba claramente mal equipado para el éxito según las normas convencionales, fue precisamente ese contexto el que me impulsó a descubrir el poder de la inteligencia emocional. Con la misma certeza de que no podía aprobar un examen, sabía que podía leer una sala. Podía ver emociones del modo en que otras personas veían muebles. Podía sentir lo que otras personas sentían, incluso cuando intentaban ocultarlo desesperadamente. Yo podía sentir el momento en que las palabras de un amigo herían a otra persona. Podía sentirlo cuando alguien estaba mintiendo y ocultando la verdad. Podía detectar las microexpresiones de alguien o las sutilezas de su lenguaje y sentir el odio, el amor, la traición, la compasión, el deseo o el temor que se ocultaban tras esas expresiones. Las palabras eran un segundo idioma para mí, raras veces tan revelador como este idioma para el que no tenía palabras.

Era casi como si pudiera oír los pensamientos de una persona, una ráfaga de emoción que provenía de su alma hasta la mía. Cuando conversaba con otros acerca de esta experiencia o sacaba a colación algo que había observado en una interacción, ellos no tenían idea de lo que yo estaba diciendo. Lo que yo creía que era obvio para todos los que estaban en la sala era un idioma que todos hablaban, pero no tenían la capacidad de escuchar. A menudo, lo sentía menos como un súper poder y más como una neurosis debilitante. Había mucho dolor en el mundo. Mucha tristeza. Algunos días lo sentía más de lo que podía soportar.

El problema con la inteligencia emocional es que no hay ningún proceso académico para validar su existencia. "No se me dan muy bien las matemáticas, pero siento profundamente", es algo que no te llevará hasta las mejores universidades. El Cociente de Inteligencia mide tu capacidad de razonar a la vez que ignora por completo rasgos como el liderazgo, la creatividad, y especialmente la empatía. Vivimos en una cultura informada por la Ilustración, que enseñaba que el fin más elevado de la humanidad es pensar profundamente. En busca de la racionalidad, se nos obliga a hacer a un lado nuestros sentimientos. Este déficit ha dado como resultado un punto de vista demasiado estrecho de la inteligencia y ha producido muchos entornos tóxicos, como corporaciones donde el rendimiento y el beneficio eclipsan una cultura de salud relacional y creatividad compartida, para su propio perjuicio a largo plazo.

Francamente, siempre vi la empatía como una debilidad hasta que descubrí a Jesús. Al haberme criado como un varón latino, los sentimientos de cualquier tipo se consideraban poco apropiados de un hombre de verdad. No solo eso, también la idea de considerar los sentimientos de los demás no encajaba en el mundo altamente competitivo de mi familia. Cuando estás cara a cara con un oponente, ya sea en la cancha de basquetbol, en el salón de clase o en la oficina, considerar sus sentimientos sin duda alguna te sitúa en un déficit.

Al tener ahora más de sesenta años, he encontrado lugares para enfocar mi empatía. Decidí llegar a ser escritor, sabiendo que las palabras pueden cambiar el rumbo de la vida de una persona. Mi misión en la vida es ser una voz de esperanza. Sé lo que se siente al estar sin esperanza. Si una frase puede llevar esperanza a una persona, vale la pena la lucha de plasmar en papel ideas y sentimientos.

También sé lo que es sentirse solo en el mundo. Una gran parte de mi motivación para crear Mosaic fue hacer una comunidad para aquellos que se sienten como marginados en el mundo. He pasado mi vida estudiando el fenómeno del genio, motivado por las incontables personas con las que me he encontrado y que se sienten insignificantes e inadecuadas, y están convencidas de que viven con un déficit de talento, de intelecto y de potencial. Cuando tienes doce años, es difícil ver que ser escogido el último para todos los juegos es lo mejor que podría sucederte. Mis sentimientos de insuficiencia fueron el entorno desde el cual surgiría mi propósito en la vida.

Si Jesús revela una gran idea acerca del genio, es que la empatía es la forma más elevada de inteligencia. Su historia es un relato de un amor implacable por Dios y por la humanidad, una respuesta a la pregunta: "¿Cómo sería si el amor perfecto y absoluto se vistiera de carne y sangre?". Lo que descubriremos mediante el genio de Jesús es que, para poder pensar más profundamente, debemos permitirnos a nosotros mismos sentir más profundamente, y esto comienza reconociendo el genio que se requiere para interesarnos profundamente y ocuparnos bien de los demás.

Al final, veremos que Jesús no solo vino para asegurar que entendiéramos a Dios. Vino para que supiéramos que Dios nos entiende.

. . .

CADA ENCUENTRO EN la vida de Jesús fue un estudio sobre el poder de la empatía. En una ocasión, un joven rico se acercó a Jesús y le preguntó cómo podría obtener la vida eterna. Jesús le dijo que vendiera todo lo que tenía, diera su dinero a los pobres, y lo siguiera. Se nos dice que el rico bajó su cabeza y se fue triste, porque tenía una gran riqueza.

En medio de esta historia, el discípulo Marcos añade estas palabras: "Jesús lo miró y lo amó". En lugar de ver a un hombre egoísta y consentido que no quería dejar su dinero, Jesús lo vio con bondad y compasión.

Incluso cuando lidiaba con sus adversarios, el motivo de Jesús era siempre el amor. Hizo enojar a los líderes religiosos aceptando a los quebrantados y a los marginados. Confundió a sus discípulos ordenándoles que amaran a sus enemigos. Hubo ciertos momentos en los que Jesús habló a sacerdotes y teólogos con tal dureza, que debió haberles parecido un peso sobre el pecho. Sin embargo, incluso estos encuentros son estudios matizados sobre el poder de la empatía y la sutileza de su genio. La empatía no siempre conduce a decir lo que la gente quiere oír, pero siempre conduce a decir lo que la gente necesita oír.

Por favor, no me malentiendas. Empatía no significa tener que decir siempre lo que estás pensando, o asegurarte de que la gente entienda tus sentimientos en cada momento de tu vida. La empatía está impulsada no por una necesidad de ser entendido, sino por el poder de la comprensión. La empatía se trata de reconocer lo que otros necesitan en ese momento y tener tanto la sabiduría como la valentía para proporcionarlo.

Puede parecer extraño que un pastor diga esto, pero cuando te detienes y lo piensas verdaderamente, es bastante sorprendente que Dios sea empático.

Para dejar las cosas claras, desde los textos hebreos más antiguos se describe a Dios como un Dios de compasión y misericordia. Esta descripción está arraigada en una comprensión de la naturaleza más profunda de Dios. Se nos dice en las Escrituras que Dios no es solamente el Dios que ama, sino incluso más esencialmente, el Dios que es amor. Todo el fundamento para nuestra relación con Dios está basado en la promesa de que Dios es amor y que su amor es eterno. Toda la creación es una expresión de amor. El amor es nuestra intención, es la razón por la que existimos y el único lugar donde encontramos nuestro significado.

El amor es también la historia de fondo de Jesús. En el último capítulo vimos que habían pasado miles de años desde que Moisés hablaba con Dios cara a cara, como un amigo hablaría con otro. En tiempos de Jesús, Dios había quedado reducido a una serie de mandatos, reglas y rituales. Aunque permanecían las leyes de Dios, el amor de Dios hacía mucho tiempo que había sido perdido y olvidado. Lo único que les quedaba tras cuatrocientos años de silencio era su recuerdo de Dios, y no lo recordaban bien. Recordaban a un Dios de ira. Dios seguía siendo el juez de la humanidad, pero ya no era su sanador.

Se nos dice en la Escritura que por este mismo motivo Dios envió a su hijo al mundo. "Porque de tal manera amó Dios al mundo" que envió a su Hijo y entregó a su Hijo por nosotros.

Parece que Dios ha peleado una y otra vez para volver a establecernos en su amor, aunque nosotros seguimos sustituyendo su intención por religiones construidas sobre culpabilidad y vergüenza, juicio y condenación. Dios fue siempre un Dios de amor. Dios siempre se interesó. Dios siempre se entristeció por nuestro quebranto y quedó abatido porque no sabíamos que estábamos perdidos. Dios siempre nos entendió, nos conoció, y deseó restaurarnos consigo mismo.

No debería sorprendernos, entonces, que si Dios decidió hacerse carne y sangre y convertirse en uno de nosotros, se convertiría en la manifestación perfecta del amor. No debería sorprendernos que las historias de Jesús estarían llenas de imágenes de compasión, misericordia, ternura y bondad.

Aun así, no se escapa a mi sorpresa que Dios quisiera compartir nuestros sentimientos. ¿Por qué se interesaría Dios incluso por cómo me siento o por lo que estoy sintiendo? ¿Por qué sentiría Dios que era necesario, incluso apropiado, descender a nuestro nivel para poder empatizar con nosotros como su creación?

Tenemos la tendencia a utilizar palabras como empatía, compasión, solidaridad, incluso lástima o piedad como si fueran sinónimos, pero un examen más detenido revela que son cosas bastante diferentes. Estas palabras, aunque están relacionadas, describen claramente distintas expresiones de amor, interés y conexión humana emocional. Para entender el genio de la empatía de Jesús es importante que entendamos las diferencias entre estas distintas formas o manifestaciones de amor.

La lástima sería la menos empática de estas emociones. Su significado original estaba arraigado en la palabra "piedad". Se esperaría de una persona piadosa con buenos medios que expresara un nivel de interés por aquellos menos afortunados. La imagen que llega rápidamente a la mente es la del sirviente pobre que mendigaba a su señor que tuviera piedad de él.

Tener lástima o piedad de alguien implica un nivel de superioridad con respecto a esa persona. Aunque puede que sea una expresión sincera de bondad y motive actos genuinos de altruismo, la persona que muestra lástima o piedad no se ha identificado con el objeto de su bondad. La lástima es algo que se puede sentir desde la distancia.

La compasión es la acción de la solidaridad y la empatía. La compasión va más profundo que la lástima. Reconoce el "yo" en "ti". Tenemos compasión por aquellos en quienes nos vemos a nosotros mismos, y este reconocimiento puede guiarnos a la solidaridad y la empatía.

Sentimos solidaridad cuando la experiencia de otra persona se parece a la nuestra. Quizá no hemos tenido el mismo tipo de experiencia exactamente que a él o ella le causa angustia, pero hemos sentido la emoción las veces suficientes para solidarizarnos y desearles lo mejor. He oído de esposos que experimentan un dolor solidario y calambres durante el embarazo de su esposa. Para solidarizarnos, antes debemos reconocer lo que la persona está experimentando y entonces hacer todo lo posible para identificarnos con ello.

La solidaridad se trata a menudo como sinónimo de empatía, pero, aunque ambas palabras están arraigadas en la compasión, son bastante diferentes. Una persona puede sentir solidaridad sin traducir esas emociones en acciones. La compasión solo puede expresarse plenamente mediante la acción. Cuando Jesús sintió compasión por las multitudes, eso lo llevó a la acción. Me asombra que la compasión causa un cambio de mentalidad, de la abdicación de un problema a la aceptación de un problema.

Mateo, Marcos y Lucas, habiendo todos viajado con Jesús, nos hablan de una ocasión en la que se juntaron miles para oírlo y se encontraron en un lugar desértico con poca comida o agua, o ninguna. El día estaba avanzado, y los discípulos de Jesús acudieron a Él y recomendaron que despidiera a la gente a las zonas y aldeas circundantes para que encontraran comida y cobijo. Su intención era que las multitudes se alimentaran por sí mismas. Era la solución obvia a una crisis inminente.

Marcos destaca que Jesús sintió una gran compasión hacia la multitud, viéndolos como ovejas que no tienen pastor. En lugar de aceptar la recomendación de los discípulos, que les habría permitido abdicar la responsabilidad por el bienestar de las multitudes, Jesús en cambio les dijo que encontraran el modo de alimentar a la gente que se había juntado para oír su mensaje. Probablemente sabes lo que sucedió después: Jesús alimentó a la multitud de cinco mil con cinco panes y dos peces.

En este momento, Jesús no solo estaba alimentando a la multitud, sino también enseñando a sus discípulos una nueva mentalidad. Jesús fue movido por la compasión, mientras que sus discípulos fueron motivados por la conveniencia. La compasión te mueve a asumir la responsabilidad, aceptar los retos, hacer sacrificios, y emprender la acción para servir al bien de los demás. Cuando miras un problema humano sin compasión, lo ignoras. Cuando miras con los ojos de la compasión, eres movido a la acción. La compasión hace de ti una fuerza para el bien. La compasión te empodera para vivir tu vida con pasión.

Si la compasión te mueve a la acción, la empatía es lo que te mueve a la comprensión. La empatía es el nivel más profundo de conocimiento. Empatía es más que simplemente sentir lástima por lo que alguien está atravesando. Empatía es la capacidad de ponerse en el lugar del otro y ver el mundo desde su punto de vista. Empatía es la transferencia vicaria del mundo interior de otra persona a tu mundo interior. La empatía en su participación más profunda crea una conexión mística entre las personas. Es la forma más elevada de consciencia. Donde hay empatía, no hay ninguna separación. La empatía es el modo en que se comunica el amor.

La solidaridad nunca fue suficiente para Jesús. Su compasión alimentaba sus acciones. Jesús se interesaba por las personas; no solo por ideas, o creencias, o moralidad. Lo que le importaba era la humanidad. Jesús comprendía el corazón humano de un modo que solo se produce por el conocimiento y la experiencia de primera mano. Jesús entendía la profundidad del alma humana porque se interesaba profundamente por los demás. Su empatía se convirtió en su fuente de sabiduría. Conocía a las personas porque se interesaba por ellas; y este conocimiento lo llevó a estar en conflicto con quienes se contentaban con vivir sin compasión.

• • •

LA TENSIÓN ERA tan gruesa que se podía cortar con un cuchillo. Habían invitado a Jesús a comer en la casa de un destacado fariseo. Él no era particularmente popular entre los líderes religiosos de su época, de modo que el motivo que había detrás de la invitación tenía que ser al menos un poco sospechoso. Y hacía que fuera incluso más sospechoso el hecho de que la comida tuvo lugar el día de reposo. Los fariseos tenían reglas para santificar el día de reposo; unas reglas que les permitían esconder sus naturalezas oscuras e insensibles detrás de rituales religiosos. Ellos sabían que Jesús, si se presentaba la oportunidad de hacer el bien, transgrediría el día más santo. No había lugar para la misericordia en el día de reposo. Tampoco había lugar para la compasión, ni para hacer el bien. Era una hipocresía que Jesús no podía tolerar.

Al registrar este momento, Lucas nota que Jesús era "observado atentamente". En efecto, un hombre que padecía una inflamación anormal de su cuerpo se presenta delante de Jesús. La enfermedad del edema, que probablemente sería su diagnóstico más probable, es a menudo el resultado de una insuficiencia cardíaca congestiva, cirrosis del hígado o enfermedad renal. Su estado era probablemente terminal, y estaba agravado por una desatención grave.

Inmediatamente, Jesús hizo de ese hombre el centro de su conversación en la cena. Hizo una sencilla pregunta a los fariseos y a los maestros de la ley que estaban presentes: "¿Es legítimo sanar en el día de reposo?". Esta pregunta habría sido mucho más que un asunto legal. Es una pregunta acerca del carácter de Dios.

Después de todo, era día de reposo. El día más santo. Lo que hacías el día de reposo debía reflejar cómo vivías durante la semana. Descansabas el día de reposo para asegurar que tu corazón, tu mente y tu vida estuvieran en consonancia con los de Dios. Recordabas que Dios era la fuente de todo lo que tenías. Si no se podía sanar en el día de reposo, en el día apartado para Dios, ¿qué día exactamente se debía hacer el bien?

Su pregunta tenía que ver con la Ley, pero sin duda era una pregunta de intención. ¿Cuál era la intención de Dios para nosotros cuando estableció el día de reposo? ¿Era un modo de escapar al bien que Él requiere que hagamos? No. Era el modo de recordarnos el bien que debemos hacer siempre.

Los líderes religiosos que estaban sentados a la mesa con Jesús mantenían conversaciones interminables constantemente. Se consideraban a sí mismos la élite intelectual y los principales teólogos de su época. Nunca eran demasiado tímidos ni se sentían intimidados para dar su opinión de cuál era realmente la intención de Dios al escribir las escrituras. Estaban seguros de que ellos, y solamente ellos, entendían la mente de Dios. Su estatus en la sociedad estaba establecido sobre su autoridad para interpretar las Escrituras.

Sin embargo, en esta ocasión se quedaron en silencio. Jesús hizo una pregunta sencilla, y ni uno solo de ellos pudo plantear una respuesta. Es asombroso cómo una sola pregunta correcta puede eliminar rápidamente un número interminable de respuestas equivocadas.

Si pensáramos como un político, lo que Jesús hizo a continuación habría sido el peor de todos los escenarios posibles. Él agarró al hombre enfermo, lo sanó, y lo envió por su camino. Aquello era precisamente lo que sus enemigos esperaban al buscar un terreno sobre el cual acusarlo. No es posible que se nos escape la ironía. En este momento cuando Jesús actuó con misericordia y compasión, dio motivos a sus adversarios para acusarlo de transgredir la Ley de Dios.

Lo que aquellos líderes religiosos estaban diciendo sobre Dios era oscuro y malevolente: que el acto de sanar a un hombre que sufría era en cierto modo contrario al carácter de Dios. Jesús sacó a la luz aquello, y todo quedó revelado en el silencio de ellos. No hay duda alguna de que aquel invitado no deseado de ningún modo entró en aquel lugar por accidente. Los adversarios de Jesús sabían cuál era el curso noble de acción. Jesús era muy predecible; siempre hacía lo que demanda el amor. Jesús siempre hacía el bien.

En la incomodidad de su silencio, Jesús les hizo una pregunta más: "Si ustedes tuvieran un hijo o incluso un animal que se cayera a un pozo en el día de reposo, ¿no lo sacarían inmediatamente?". Esta pregunta era más que hipotética. Desde luego, sus principios de retener la ayuda en el día de reposo no se aplicaban a alguien a quien amaban. Ellos ni siquiera lo aplicarían si eso les costaba dinero o propiedades. Jesús sabía que les importaba más un animal que el sufrimiento de un desconocido. Mientras que Jesús actuó por compasión, ellos ni siquiera podían mostrar piedad.

Desde una perspectiva puramente psicológica, la respuesta de Jesús no fue nada menos que brillante. Habría sido bastante fácil para Él detallar el legado concreto de hipocresía de los líderes religiosos, y entrar en el tipo de debate polarizado que a estos maestros les encantaba tener. En cambio, lo único que necesitó fueron dos preguntas para dejarlos sin palabras. Ambas preguntas recibieron la misma respuesta: silencio. Con la destreza de un cirujano, Jesús cortó las capas de la jerga intelectual y la pretensión, y dejó expuesto el corazón humano para que todos lo vieran. Sin embargo, su propósito no era avergonzarlos, sino dirigirlos hacia el arrepentimiento. Su intención, sin tener en consideración a su audiencia, era liberar a cada ser humano del arduo trabajo de la existencia y llevarlo a la plenitud de vida.

Jesús se convirtió en un espejo en el cual podían verse reflejados a sí mismos. Ellos pensaban que estaban enojados con Jesús, pero no fue Jesús quien provocó su enojo, sino la oscuridad de sus propios corazones. Algunas veces, lo más peligroso que se puede hacer es forzar a una persona a verse a sí misma con claridad. El poder de la empatía mira en el alma, trabajando con el material de los motivos y las intenciones ocultas de las personas.

Jesús tuvo muchos conflictos como este que, a primera vista, parecían una guerra de intelecto, pero que siempre eran, ciertamente, una batalla del corazón humano. Lo que podías ocultar a otros, incluso a ti mismo, Jesús podía verlo con claridad. Él saca a la luz tus cargas, y entonces te ayuda a llevarlas.

• • •

HAY MUCHO SIGNIFICADO en la decisión de Dios de hacerse uno de nosotros. ¿Por qué se hizo Dios un ser humano? ¿Por qué requeriría este tipo de intimidad con su creación? ¿Qué lo impulsó a acercarse tanto a nosotros que no pudo mantenerse a distancia? ¿Qué impulsó a Dios a abandonar la seguridad de los cielos para entrar en la violencia de la tierra?

No se puede cargar con el peso del mundo desde la distancia.

Es aquí donde vemos revelado el genio de Jesús de manera más hermosa.

Para que haya empatía, debe haber encarnación. La empatía toma el corazón de otra persona y lo introduce dentro de tu propia alma. Su historia se convierte en tu historia. Sus cargas se convierten en tus cargas. Su dolor se convierte en tu dolor. No solo sientes lástima por ellos o sientes con ellos; sus sentimientos se convierten en los tuyos.

A lo largo de toda su vida, Jesús conectó con la experiencia humana al nivel más profundo. Vemos la ternura y la alegría de Jesús cuando se permite a sí mismo estar rodeado de niños. Vemos su fortaleza, incluso su enojo, cuando expulsa del Templo a los cambistas de dinero corruptos. Experimenta el dolor de la traición cuando Judas lo vende a sus enemigos, y cuando su amigo de confianza, Pedro, lo niega tres veces en su momento de necesidad. En Getsemaní, batalla con angustia por su futuro, rogando a su Padre cualquier otra manera de seguir adelante aparte de la que debe enfrentar. Al final, experimenta el dolor de sentirse solo y abandonado en este mundo, clamando desde una cruz: "Dios mío, Dios mío, ¿por qué me has desamparado?".

La única manera de poder empatizar plenamente con los pobres es haber sido pobre. La única manera de poder entender totalmente el aislamiento de ser un marginado en este mundo es convertirte en un marginado. Para Jesús, la única manera de entender plenamente todo el peso de nuestra angustia interior y el efecto sofocante de la culpabilidad y la vergüenza era cargarlo todo ello sobre sí mismo.

El versículo más profundo en la Escritura quizá sea el más breve: "Jesús lloró". Aunque imaginamos que hubo muchas veces en las que Jesús lloró, hay solamente dos de tales ocasiones registradas en la Biblia. Lucas nos habla de un momento en el que Jesús estaba tan abrumado de tristeza por Jerusalén, que lloró por la ciudad. Jesús sabía lo que se había perdido para esa ciudad. Se suponía que debía ser la ciudad de Dios, la que señalara al mundo el amor, la esperanza y la vida que su Creador requería. En cambio, se convirtió en una ciudad de corrupción, de codicia y de religión vacía. Las mismas personas que deberían guiar al mundo hacia la libertad utilizaban ahora su privilegio para mantenerlos cautivos. Habían olvidado quiénes eran. Habían olvidado quién era Dios. No reconocieron a Jesús como el Mesías porque ni siquiera reconocerían a Dios si estuviera de pie delante de todos ellos. Jesús entendía la implicación de las decisiones de ellos, y su corazón se quebrantó por ellos.

Bien podría haber llorado por sí mismo, sabiendo que su amor había sido rechazado. Podría haber llorado porque su amor no fue correspondido. Pero no lo hizo. Sus lágrimas eran por aquellos cuyos corazones estaban endurecidos y sus ojos todavía estaban secos. Jesús lloró por aquellos que no sabían que deberían estar llorando.

El Evangelio de Juan registra la única otra ocasión en que se nos dice que Jesús lloró. Esta vez no fue por una ciudad llena de desconocidos y adversarios, sino por tres de sus más queridos amigos.

Parece extraño decir que Jesús tenía amigos, pero las escrituras dejan claro que los tenía. Sabemos que tenía seguidores. Sabemos que tenía enemigos. Sabemos que tenía fans. Un amigo, sin embargo, era algo bastante diferente. Una amistad implica una relación que va más allá de la obligación. No hay duda de que necesitamos personas en nuestra vida, pero ¿las queremos en nuestra vida, incluso cuando no las necesitamos? Existe una sensación de mutualidad en la palabra "amistad". Una amistad genuina nunca es de una sola vía.

Uno de los amigos más cercanos de Jesús era un hombre llamado Lázaro. Él no era uno de los doce a quienes Jesús escogió para ocupar el rol de apóstol. No estaba en ese círculo interior de tres: Pedro, Juan y Jacobo. Sin embargo, sin tener un rol o posición oficial en su nuevo movimiento, se sabía que Lázaro era amigo de Jesús.

Lázaro era el hermano de Marta y María, las dos mujeres que se convirtieron en una parte fundamental de la vida y la historia de Jesús. Juan nos dice que Lázaro estaba enfermo, y sus hermanas estaban profundamente angustiadas. Enviaron un mensaje urgente a Jesús mediante unos mensajeros: "Señor, el que amas está enfermo". Ni siquiera fue necesario mencionar el nombre de Lázaro. Sabían que Jesús sabría a quién se refería el mensaje.

Para entender el momento que llegaría, necesitamos comprender toda la profundidad de la relación que tenía Jesús con estas personas. Juan deja claro cuidadosamente que Jesús amaba a Lázaro y a sus hermanas. Aparte de lo que ellos

entendieran o no entendieran sobre Jesús (su verdadera identidad, su misión en la tierra), había una cosa que sabían sin
duda alguna: si escribían a Jesús en su angustia, Él acudiría
porque los amaba.

La dificultad algunas veces está en que, cuando sabemos
que alguien nos ama, a menudo suponemos que eso nos ase-
gurará cierta respuesta o curso de acción. Esto es especialmente cierto cuando es Dios. Hacemos que el afecto de Dios
sea cautivo de nuestras expectativas, especialmente en nuestros momentos de necesidad.

Jesús ama a Lázaro, y Marta y María suponen que eso
significa que dejará todo lo que tenga entre manos y acudirá
inmediatamente en su ayuda. Pero Jesús hace precisamente
lo contrario. Parece minimizar el problema, o al menos no
entender el nivel de crisis que ellos están enfrentando. En
lugar de moverse con urgencia para ayudar a la persona que
ama, se demora dos días antes de ir a Betania para ver a su
amigo. Para ese momento ya es demasiado tarde. Lázaro está
muerto.

¿Cuántas veces asumimos de Dios que nos dará nuestras
esperanzas y deseos? Si Él nos ama, responderá como esperamos. Si no responde como esperamos, consideramos eso una
evidencia de que en realidad no se interesa por nosotros o por
nuestro bienestar. Quizá la pregunta más universal cuando
se trata de Dios es la siguiente: "¿Dónde estabas cuando
más te necesitaba?". Es mucho más fácil concluir que Dios

es indiferente a nuestras luchas, que concluir que se queda quieto ante nuestro dolor.

Para quienes están familiarizados con la historia, sabrán cómo se resuelve la crisis. Cuatro días después de la muerte de Lázaro, se había juntado una gran multitud para dolerse por la pérdida de su amigo. Algunos llegaron debido a la controversia en torno a Jesús. Regresar a Betania o a cualquier otro lugar en la región de Judea no era seguro para Jesús. Fue allí donde las multitudes habían amenazado con apedrearlo. Sus discípulos hicieron todo lo que pudieron para intentar convencerlo de que no regresara. Al no haberlo conseguido, Tomás responde, con su clásico cinismo: "Bien podríamos ir también nosotros para que muramos con Él".

Jesús regresa a Betania y visita el sepulcro de su amigo. Después de decir que Él era la resurrección y la vida, Jesús llama a Lázaro por su nombre y lo hace regresar de la muerte.

Pero no nos enfoquemos en el milagro. Es el momento antes lo que importa para nuestra conversación.

Un momento en el que Jesús estuvo quieto ante el dolor de ellos.

Un momento después del cual se nos dice dos veces cuánto amaba Jesús a Lázaro y a sus hermanas.

El momento en el que los vio llorando y doliéndose en su tristeza.

El momento en el que ellos no podían saber lo que solamente Él sabía.

El momento en el que Él podía ver esperanza y promesa donde ellos veían solamente desesperación.

El momento en el que se sentían tan abrumados por la muerte, que no podían ver que la vida estaba justamente delante de ellos.

El momento en el que los vio batallar para creer y, sin embargo, se ahogaban en sus dudas.

Cuando Jesús llegó, María corrió hacia Él y se postró a sus pies. Lloró con fe y frustración: "Señor, si hubieras estado aquí, mi hermano no habría muerto". Qué extraño que, en una sola declaración, tanto la fe como la duda puedan existir igualmente.

En este momento, Jesús se vio abrumado de emoción. María estaba tan cerca de Él que podía oírla batallando por respirar. De repente, se encontró rodeado por aquellos que lloraban con ella, y el sonido de su tristeza debió haber sonado como si fuera la sinfonía más oscura en los oídos de Jesús. Juan nos dice que Jesús se estremeció en espíritu y se conmovió. Se podría deducir que quizá había sido movido a enojo.

Enojo ante qué, me pregunto.

¿Enojo ante la muerte?

¿Enojo ante la duda?

¿Enojo ante la desesperación?

Nunca lo sabremos. Lo que sí sabemos es que su enojo lo movió no a la indiferencia, sino a la acción. Le preguntó a María: "¿Dónde lo pusieron?". La multitud respondió: "Ven y ve". Me imagino que, a medida que la multitud avanzaba, rodeando a Jesús mientras Él caminaba hacia el sepulcro, simplemente pausó por un momento. Entonces, dos palabras nos dan una ventana a la eternidad; o más concretamente, a la divinidad: "Jesús lloró".

A su manera singularmente poética, Juan introduce lo profundo en lo mundano. Antes de que Jesús confirme su divinidad al resucitar de la muerte, nos muestra su humanidad. En momentos como este queremos lo milagroso y, sin embargo, lo que Jesús nos da es la belleza de ser humano. Sería mucho más fácil esperar una resurrección de Dios de lo que sería esperar la empatía de Dios. ¿Quién pudo haber predicho jamás que Dios lloraría? La respuesta de la multitud fue instantánea. Sintieron la profundidad de su emoción. "Mirad cómo lo amaba", dijeron.

En su literatura, los hebreos tienen un modo único de subrayar un punto. Si algo tiene una importancia profunda, si algo no debería pasarse por alto, entonces el autor lo dirá más de una vez. Por eso Jesús comienza tantas de sus afirmaciones diciendo: "De cierto, de cierto". Por eso Isaías declara "santo, santo, santo" al describir a Dios. Por eso el primer capítulo de Génesis repite seis veces "era bueno", con el crescendo de "era muy bueno". El lenguaje hebreo no tiene una manera natural de decir "bueno, "mejor" o "lo mejor". La repetición es el signo de exclamación hebraico.

No es casual que Juan, que es conocido, por cierto, como el apóstol del amor, rodee este momento en el que Jesús lloró con declaraciones del amor de Jesús para quien había muerto, como también para los que habían perdido a su ser querido.

Cuando pensamos en Dios, tendemos a deificar los atributos que más deseamos. Esperamos que Dios lo pueda todo, y que lo sepa todo, y que esté presente en todas partes. Cuando los hombres desean ser dioses, estos son los atributos que más queremos para nosotros mismos. Lo que parece que hemos pasado por alto es que Dios no es simplemente más poderoso que nosotros, es también más amoroso que nosotros.

Cuando pensamos en que Dios lo sabe todo, instintivamente ubicamos esta característica en el ámbito del intelecto. Dios es la base de datos de información infinita. Pero el conocimiento de Dios va más profundo que la información; llega hasta la profundidad de la empatía. Dios no solo lo sabe todo, también lo siente todo. No está más allá de Dios el sentir. No está más allá de Dios el interesarse. No está más allá de Dios el llorar.

Si quieres ser más semejante a Jesús, aprende a llorar cuando otros lloran. Si quieres ser más semejante a Jesús, permítete a ti mismo sentir profundamente. Con esto no me refiero a ahogarte en la estela de tus propias emociones, sino a que te permitas ser movido por el dolor y las luchas de otros. Siempre me ha resultado extraño que, cuando los cristianos hablan de desear conocer las cosas profundas de Dios, por lo general se refieren a crecer en su conocimiento de la Biblia. Las cosas profundas de Dios nunca son académicas; siempre son íntimas. Las cosas profundas de Dios solo se podrán descubrir mediante el amor. Solo se podrán conocer mediante el amor. Todos queremos la mente de Dios, pero lo que necesitamos es el corazón de Dios.

Conocer a Dios, o su mente, nunca se trató sobre información, sino sobre intimidad. Se trata de encontrar una profundidad de amor que produce compasión, bondad, y el genio de la empatía. Este era el deseo del apóstol Pablo para todos nosotros cuando oró por los efesios: "Le pido que, por medio del Espíritu y con el poder que procede de sus gloriosas riquezas [de Cristo], los fortalezca a ustedes en lo íntimo de su ser, para que por fe Cristo habite en sus corazones. Y pido que, arraigados y cimentados en amor, puedan comprender, junto con todos los santos, cuán ancho y largo, alto y profundo es el amor de Cristo; en fin, que conozcan ese amor que sobrepasa nuestro conocimiento, para que sean llenos de la plenitud de Dios".

Pablo era un intelectual y teólogo que encontró en Jesús un amor que sobrepasa el conocimiento. Él era un candidato improbable para llevar el mensaje de Jesús al mundo. Nació y fue educado por la misma camarilla que provocó el asesinato de Jesús. Era hebreo de hebreos, un fariseo distinguido que antes perseguía a la iglesia con toda la autoridad del Templo. También era ciudadano romano, lo cual lo hacía ser un hombre libre, y provenía de una familia de estatura y riqueza. Era poco frecuente en cuanto a que pertenecía a la élite romana y también a la hebrea. Sin embargo, fue Pablo quien entendió más poderosamente el vacío de poseer conocimiento de Dios sin conocer a Dios. Para Pablo, conocer a Dios era conocer el amor y ser transformado por Él.

Hemos subestimado el poder del amor para transformar nuestro pensamiento. Sin amor, no podemos tener la mente de Cristo. Sin amor, el genio de Jesús siempre nos resultará elusivo.

· · ·

A MENUDO, VEMOS el amor principalmente como una emoción, un sentimiento blando que no puede igualar otras formas de fortaleza. Espero convencerte de que la expresión de amor más profunda y poderosa es la empatía, y que la empatía es la forma más elevada de inteligencia.

En una ocasión, un hombre paralítico fue llevado delante de Jesús. Mateo, al registrar este acontecimiento, observa que Jesús vio la fe en el hombre y respondió diciendo: "Ten ánimo, hijo; tus pecados te son perdonados". Tengo la sospecha de que no fue esa la razón por la que los amigos del hombre lo llevaron. Ellos querían que su cuerpo fuera sanado, pero Jesús sanó su alma. Y los líderes religiosos, al ver desarrollarse esta escena, comenzaron a susurrar entre ellos que Jesús había cometido la grave ofensa de la blasfemia.

Me encanta lo que escribe Mateo a continuación: "Y conociendo Jesús los pensamientos de ellos, dijo: ¿Por qué tienen tan malos pensamientos en sus corazones?". Mateo estaba muy familiarizado con que Jesús leyera el corazón humano. En una ocasión, cuando los discípulos iban caminando juntos, comenzaron a discutir sobre cuál de ellos era el mayor. Claramente en el relato, ninguno de ellos dijo que era Jesús. Y Él les preguntó de qué hablaban, y una vez más se nos dice: "Jesús, conociendo sus pensamientos...". La respuesta de los discípulos fue, y no es ninguna sorpresa, el silencio.

Jesús era un empático para quien estaban claras las complejidades del corazón humano. Para expresarlo con palabras más sencillas: Jesús podía vernos. Miraba a las multitudes y se encontraba abrumado. Estaba lleno de compasión por los quebrantados. Hacia aquellos que usaban mal el nombre de Dios para oprimir a otros, estaba lleno de enojo apasionado. Sentía profunda tristeza y amor por quienes permitían que las cosas temporales de este mundo les robaran la belleza y la maravilla de lo eterno.

La empatía en esta forma no es tan solo la forma más elevada de inteligencia, puede que también sea nuestra mayor expresión de fortaleza. No es cosa pequeña cargar con las heridas de otro. Se necesita gran fortaleza para sentir los dolores más profundos de otra persona, para llevar el peso de sus cargas más pesadas, y aun así decidir permanecer a su lado.

Eso es exactamente lo que Jesús decidió hacer. Dios se hizo humano, caminó entre nosotros, y llevó sobre sí mismo el quebranto de toda la humanidad. Se permitió a sí mismo cargar con el peso de nuestro pecado. En sus lágrimas están todas las lágrimas vertidas desde el inicio del tiempo hasta su final. Jesús no lloró por sí mismo. Lloró por todos nosotros. Decidió no condenar al mundo, sino ofrecernos vida.

Quizá la empatía de Jesús puede resumirse mejor en su invitación: "Vengan a mí todos ustedes que están cansados y agobiados, y yo les daré descanso. Carguen con mi yugo y aprendan de mí, pues yo soy apacible y humilde de corazón, y encontrarán descanso para su alma". Pero esto es más que una invitación a ser comprendido y amado por Dios; es una invitación a comprender y amar como Dios. Es una invitación a convertirnos en sanadores de las heridas más profundas de la humanidad.

Es aquí donde encontramos el verdadero poder de la empatía: el poder para llevar las cargas de otros que no pueden llevar ellos solos. Quizá tú no puedes cargar el peso del mundo sobre tus hombros, pero tal vez puedes cargar el peso de la carga de alguien el tiempo suficiente para que esa persona recupere su fuerza. En mi experiencia en la vida he descubierto que quizá el mayor regalo que se puede hacer a otro ser humano es el regalo de ser comprendido. Cuando nadie te comprende, estás verdaderamente solo en el mundo; pero cuando alguien te comprende, eso marca una diferencia increíble. Cuando sabemos que no estamos solos, podemos soportar casi cualquier dificultad, sobrevivir a casi cualquier herida, y superar casi cualquier dolor o tristeza.

El poder del empático es que está al lado de las personas en su dolor, en su tristeza, en su temor, en su duda. Llora cuando ellos lloran. Ríe cuando ellos ríen. Está en sincronía con su alma porque los conoce igual que a sí mismo.

Hace un tiempo atrás, estaba yo en un avión que se dirigía a Asia, o Australia, o a algún otro lugar lejano. Es un viaje largo desde LA hasta Singapur y Sídney. Yo hacía esos viajes con frecuencia antes de que el mundo cambiara en el año 2020. En un momento en el vuelo tuve que ir al baño, lo que requería que cruzara la zona donde los asistentes de vuelo preparan las comidas y las bebidas.

Cuando pasé al lado de una de las asistentes de vuelo, sentí algo. No me refiero a algo físico. Mi alma sintió algo. Solo puedo explicarlo como una transferencia de sentimiento. Lo que sentí era que salía tristeza de ella hacia mí.

No sabía qué hacer. Ella estaba allí estoicamente sin mostrar ninguna señal externa de emoción. Yo pensé: *Soy un desconocido para ella. Es un largo vuelo, y si digo algo será una situación extraña por otras diez horas, especialmente si estoy equivocado. No, especialmente si tengo la razón.* Todo eso recorría mi mente en los segundos que transcurrieron al pasar por su lado. Y además de todo eso, realmente había bebido mucha agua.

En contra de mi mejor juicio, me detuve y le pregunté: "¿Va todo bien? Tengo la sensación de que algo va mal". De repente, ella se derrumbó y comenzó a llorar, y me dijo que acababa de saber que su esposo tenía cáncer. Estaba devastada. Conversamos por bastante tiempo. Yo le pregunté si podía orar por ella y ella estuvo de acuerdo. (Más adelante, en caso de que te preocupes, finalmente pude llegar al baño).

Este es tan solo uno de miles de encuentros que podría compartir; lo que me lleva a una advertencia que es justo que haga. Si escoges la senda de la empatía, tendrá un costo para ti. Sentirás demasiado profundamente cosas que quizá no quieres sentir, y perderás tu capacidad de mantener guardadas tus propias emociones. No puedo decirte cuántas veces mis hijos o mi esposa me han llamado sabiendo que algo no iba bien. Sin importar cuán lejos estemos o cuánto tiempo haya pasado desde que me han visto, de algún modo tienen un acceso privilegiado a mi alma. La conexión entre nosotros cubre cualquier distancia.

Algunas veces, el nivel de conexión es incómodo, pero estoy convencido de que todos hemos de conocernos los unos a los otros de este modo. La empatía es la senda para poner fin a la división entre nosotros y la única esperanza para que cooperemos.

Desde que comencé a escribir este libro, nuestra nación ha enfrentado cuatro crisis increíbles. Hemos vivido con una pandemia global que amenazó las vidas de los más vulnerables. También hemos atravesado meses de cuarentena, lo que ha causado un inmenso aislamiento y desconexión, y puso en peligro a aquellos que son más vulnerables emocional y psicológicamente. Como resultado, hemos enfrentado una epidemia de temor que ha paralizado a millones de personas y ha cambiado el paisaje de la interconexión humana. Con todo eso como nuestro telón de fondo, el asesinato trágico y público de George Floyd hizo surgir una tormenta en contra de la historia de racismo sistémico de nuestro país. Ha sido la tormenta perfecta de la inquietud social. El Internet se ha convertido en un hervidero de odio, prejuicios y malentendidos.

Yo tengo amigos en cada lado de estos problemas. Muchos parecen ser incapaces de escuchar las injusticias y el dolor que informan acciones que parecen inaceptables. Ven las revueltas en las calles; pero parecen ciegos a la opresión que les rodea. Estoy convencido de que lo que ha faltado es la capacidad de empatizar. Me ha inquietado cuántas personas que profesan fe en Jesús han parecido indiferentes a la realidad del racismo, no solo en nuestro país, sino también en la Iglesia.

Cuando era joven, me tropecé con el libro *Negro como yo* de John Howard Griffin, quien era un periodista de raza blanca de Texas que oscureció temporalmente su piel para así poder pasar por un afroamericano. Por seis semanas, viajó por los estados racialmente segregados de Luisiana, Misisipi, Alabama, Arkansas y Georgia para explorar la vida desde el otro lado de la línea de color.

Es interesante que Griffin anota de sus viajes: "Todo necio que está en el error puede encontrar un pasaje de la Escritura para respaldarlo". También escribió: "La humanidad no difiere de ninguna manera profunda; no hay esencialmente especies diferentes de seres humanos. Si tan solo pudiéramos ponernos en el lugar de otros para ver cómo reaccionaríamos, entonces podríamos llegar a ser conscientes de la injusticia de la discriminación y de la trágica inhumanidad de todo tipo de prejuicio".

La empatía es más necesaria en los lugares donde nos percibimos a nosotros mismos más diferentes los unos de los otros. Si pudiéramos ponernos en los zapatos del otro, ¿cómo nos cambiaría eso? Si pudiéramos eliminar los muros que nos separan, ¿cómo cambiaría eso a la humanidad en general?

La empatía no se trata de acuerdo. La empatía atraviesa la falsedad y encuentra la verdad escondida en el interior de todos nosotros. Imagina si en lugar de ver solamente a nivel de piel, pudiéramos ver directamente las almas los unos de los otros.

Si yo pudiera conocer tu corazón y, aún más, que mi corazón fuera transformado por el tuyo, ¿cómo podría cambiarme eso? ¿Y cómo ese cambio en mí cambiaría el mundo que me rodea?

Imagina cuán distinto sería el mundo si pudiéramos ir más allá de nosotros mismos y conectar con los corazones de quienes más sufren y más solos están. Si puedes imaginar este tipo de mundo, entonces quizá el genio de la empatía será tu mayor bien y te convertirás en el mayor regalo de tu mundo.

Jesús sintió nuestro dolor y estuvo a nuestro lado. Nos ofreció su fortaleza para que pudiéramos encontrar también nuestra sanidad. Él nunca perdió de vista nuestra perdición desesperada, nuestra necesidad de perdón y de nueva vida.

Imagina qué tipo de mundo crearíamos si esa fuera también nuestra postura. Un mundo donde nunca perdemos de vista a los demás, porque ahora son parte de nosotros.

Capítulo Cuatro

EL GENIO DEL PODER

A los veinte años, Alejandro III de Macedonia sucedió a su padre, Felipe II, como gobernador de lo que llegaría a convertirse en los imperios más grandes de los tiempos antiguos. A la edad de treinta años había conquistado todo el mundo conocido. Alejandro nunca supo lo que era la derrota. Cada una de sus hazañas militares terminaba en victoria, y su comprensión de la cultura y la filosofía hicieron de la civilización griega la envidia del mundo. Sería conocido para siempre como Alejandro Magno.

Más de trescientos años antes de que Jesús caminara por esta tierra, Alejandro se convirtió en el símbolo icónico de grandeza de la historia. Llevaba puesto ese manto porque fue la personificación del poder. Se destacó en solitario por su destreza como líder y comandante en el campo de batalla, y cualquier grandeza que llegó después de él, en cualquier forma en que se manifestara, se medía según su estándar. El Imperio Griego era la aspiración de los romanos, y el legado de Alejandro se convirtió en la meta de cada César que llevaba ese título. El emperador romano era absoluto en su poder, y reclamaba para sí mismo no solo realeza, sino también divinidad. Los romanos gobernaban sin piedad, creyendo que el privilegio de la conquista era dominar a los súbditos mediante la opresión y la fuerza.

Jesús nació en el contexto de este mundo romano. Un mundo en el que la grandeza se consideraba poder. Un mundo en el que imperios construidos y reinos destruidos eran prueba de grandeza. Fue en este mundo donde Jesús, al final de su vida, recibió con burla el título de "rey". Durante siglos, los judíos habían vivido esperando a su Mesías (su libertador, su Alejandro) que Dios prometió que establecería su gobierno y su reino en la tierra.

No deberíamos ser demasiado duros con aquellos que esperaban que Jesús viniera de esa forma. Era razonable que esperaran que su Mesías apareciera como un nuevo rey David para derrocar a los romanos mediante el poder y la fuerza. Después de todo, ¿cuál era el caso de tener poder si seguías estando sujeto al gobierno de un rey no deseado? Todo el propósito de un libertador es hacer frente a tus enemigos y liberarte.

Pero no era que Jesús no tuviera el poder para guerrear; era que estaba peleando una batalla diferente a la que habríamos esperado. Él no vino para liberarnos de imperios o de tiranos, vino para liberarnos de nosotros mismos. Esa libertad no iba a lograrse mediante la fuerza bruta o el poder para gobernar, solo podía ganarse mediante el poder de la humildad, el servicio y el sacrificio. Jesús no sustituyó el poder por debilidad; nos mostró un tipo de poder totalmente diferente. Él remodeló el concepto de poder como servicio.

Dos mil años después, nuestras conversaciones sobre el poder han sido completamente alteradas por la vida de este hombre: Jesús. He trabajado por años con líderes en el sector de los negocios, como Ken Blanchard, Patrick Lencioni y Henry Cloud para establecer la Fundación para el Liderazgo de Servicio, la filosofía de que el poder debería utilizarse no para imponer, sino para empoderar. He conocido a CEOs de empresas multimillonarias que ven su legado no en la riqueza que han amasado, sino en su servicio hacia sus empleados, sus clientes y sus comunidades. Es difícil enfatizar demasiado cuán diferente es esta perspectiva de la que ha gobernado la sociedad durante la mayor parte de la historia humana.

El concepto de liderazgo de servicio está profundamente arraigado en el genio de Jesús, quien veía el poder como nadie antes lo había imaginado nunca. Mediante sus palabras, acciones y sacrificios, la perspectiva de que un gran poder implica también un gran privilegio comenzó a rendirse ante la convicción de que un gran poder implica una gran responsabilidad.

Si la prueba de la grandeza de una idea es su sostenibilidad y su impacto, entonces el enfoque de Jesús del poder y la libertad podría ser la idea más revolucionaria jamás considerada.

· · ·

PARA LA MAYORÍA de las personas, la necesidad de poder está arraigada profundamente en un deseo de libertad y autonomía personal. Para quienes vivieron en la época de Jesús, había en juego mucho más. Los judíos habían conocido demasiadas generaciones de opresión, y parecía que siempre estaban a merced de un imperio u otro.

Lo cual plantea una pregunta muy importante: ¿puedes ser libre sin poder? ¿Hay algún modo de mantener tu poder incluso cuando has perdido tu libertad?

No podemos minimizar el nivel de animosidad que existía entre los romanos y los judíos. Ser conquistado por cualquiera habría sido ya bastante difícil, pero el hecho de que sus conquistadores fueran romanos ponía sal en la herida.

Los romanos personificaban todo lo que los israelitas despreciaban. El emperador romano creía que era un dios, y solamente eso era idolatría inaceptable. Y, para colmo, los romanos eran la personificación del hedonismo. Su adoración a un panteón de dioses, su cultura de indulgencia e inmoralidad, crueldad y opresión de los demás eran todos ellos evidencia de que eran un pueblo impío. No tenían ningún respeto por la Ley de Moisés, ni tampoco tenían respeto alguno por el

Templo, ni respeto por lo sagrado. Su presencia impuesta en la Tierra Santa era un recordatorio para los judíos del porqué no querrían tener nada que ver con los gentiles.

Los romanos permitían a los judíos preservar su cultura y su religión mientras pagaran sus impuestos y se mantuvieran dóciles y sumisos al imperio; sin embargo, no hay ninguna dignidad en la opresión. Vivir en un estado totalitario continuamente conduce a una sensación abrumadora de indefensión y resentimiento. Te carcomería el alma hasta que no te quedara nada.

La esperanza de venganza debió haber estado ardiendo siempre en lo profundo del corazón de cualquier judío joven, apasionado, y con respeto por sí mismo. Pero los romanos no toleraban en absoluto la insurrección ni cualquier forma de resistencia. Cualquier intento de venganza daría como resultado la ejecución inmediata. Incluso si el temor no te refrenaba, sabías que cualquier intento de venganza sería un acto de necedad.

¿Has comenzado alguna vez una conversación en algún punto en el medio? Sabías que no había necesidad alguna de explicar el contexto porque ya estaba en la mente de todos. Este es el modo en que Jesús comenzó su conversación sobre la venganza en el Sermón del Monte.

Cuando vives en opresión tienes tendencia a no conversar de ello todo el tiempo. Así son las cosas. Simplemente hablas sobre la vida y sabes que todo el mundo que te rodea lo entiende. El color de tu piel no es algo a lo que puedes escapar.

No tienes que decir que eres afroamericano, pues eso siempre es cierto. Yo no siempre menciono que soy un inmigrante cuando converso con alguien al que acabo de conocer, pero eso siempre moldea mi perspectiva de la realidad. Algunas cosas son siempre ciertas y relevantes, ya sea que se mencionen o no, o ya sea que te sientas libre para hablar de ellas en un principio. Para aquellos que saben, el silencio lo dice todo. Pero alguien de afuera podría malinterpretar ese silencio, si no sabe más allá.

Cuando leemos la Biblia tenemos un modo de sobreponer al texto nuestra suposición de libertad. Leemos las escrituras como si los israelitas fueran como nosotros, viviendo en una democracia libre de tiranía. Leemos la historia de Jesús como si Él hubiera nacido libre, pero no fue así. Él nació en la cautividad. Nació en la opresión. Nació en la esclavitud. Solamente porque tus dueños y opresores te permitan cierta medida de libertad o margen de movimiento eso no cambia la realidad. Jesús no nació en un mundo libre.

Los hebreos anhelaban la libertad. La amargura de la opresión llenaba el aire que respiraban. No hay tal cosa como un esclavo dispuesto, contento de servir a dueños benévolos. Ellos suplicaban a Dios liberación, y esperaban el día en que los pies de los romanos se apartaran de sus cuellos. Algunos soñaban con libertad, y otros con venganza. Para ellos, la violencia y la revuelta eran la única senda hacia la libertad. Este es el mundo en el que Jesús habló, de entre todas las cosas, sobre paz.

Casi como si estuviera respondiendo una pregunta que no se había planteado, declara: "Ustedes han oído que se dijo: 'Ojo por ojo, y diente por diente'. Pero yo les digo: No resistan al que les haga mal".

Y entonces llegó aún más lejos: "Ustedes han oído que se dijo: 'Ama a tu prójimo y odia a tu enemigo'. Pero yo les digo: Amen a sus enemigos y oren por quienes los persiguen, para que sean hijos de su Padre que está en el cielo. Él hace que salga el sol sobre malos y buenos, y que llueva sobre justos e injustos. Si ustedes aman solamente a quienes los aman, ¿qué recompensa recibirán? ¿Acaso no hacen eso hasta los recaudadores de impuestos? Y, si saludan a sus hermanos solamente, ¿qué de más hacen ustedes? Por tanto, sean perfectos, así como su Padre celestial es perfecto".

Parecía que la perfección era un reflejo de cómo tratas a tus enemigos.

"Ojo por ojo, y diente por diente". Imagino que esto era algo que los hebreos decían todo el tiempo entre susurros. Cada vez que un romano se aprovechaba de un israelita, lo recordaban. Cada vez que la mano de opresión les robaba su dignidad, se susurraban entre ellos este dicho. Era el código del mundo del que provenía Jesús. Algunos podrían decir que sigue siendo el edicto fundamental de muchas partes del mundo hasta la fecha.

Cuando tú eres el oprimido, la venganza requiere paciencia. Ocultas tu odio y esperas el momento. Te convences a ti mismo de que la venganza es un imperativo moral, que hay un solo camino para preservar tu honor, y es vengarte de manera similar.

Ese, sin duda, es el problema con el odio. Nos hace a todos iguales. Si lo único que evita que actuemos como quienes tienen poder sobre nosotros es que estamos indefensos, entonces somos igual que ellos.

Una de mis revelaciones más dolorosas al estudiar la psicología humana ha sido que, con demasiada frecuencia, nos convertimos precisamente en lo que odiamos. Podemos verlo en muchas arenas diferentes del quebranto humano: cuando el hijo de un alcohólico se vuelve él mismo un alcohólico, o cuando una mujer cuya mamá se casó con un abusador parece verse extrañamente atraída hacia los hombres abusivos. Si alguien nunca debió haber tenido poder sobre tu pasado, ¿por qué permitirle que siga teniendo poder sobre tu futuro?

Yo soy un inmigrante de El Salvador. Mi herencia está arraigada en el largo historial de violencia y opresión que ha consumido a Latinoamérica por generaciones. Parece que solo tenemos dos enfoques recurrentes con respecto al gobierno: la revolución y la dictadura. Con cada revolución está la promesa de libertad y, sin embargo, de forma infalible, cada revolución nos produce una nueva dictadura. Con el tiempo, los oprimidos se convierten en los opresores. Lo que la historia ha demostrado es que necesitamos algo más que un cambio de gobierno; necesitamos un cambio de corazón.

Es bastante fácil confundir impotencia con humildad. Es fácil convencerte a ti mismo de que eres diferente de tu opresor cuando eres impotente para actuar de modo distinto. Solo puedes saber quién eres verdaderamente cuando eres totalmente capaz de imponer tu voluntad al mundo que te rodea. ¿Quién serías si fueras libre para ser tú mismo? ¿Serías mejor? ¿Sería mejor el mundo?

Hay un viejo proverbio que es aceptado casi universalmente: "El poder absoluto corrompe absolutamente". Si bien la mayor parte de la historia humana parece confirmarlo, estoy convencido de que esa conclusión es errónea. Completamente errónea. El poder absoluto no corrompe absolutamente. Dios tiene poder absoluto, y Él es incorruptible.

Lo que hace el poder absoluto es mucho más revelador. El poder absoluto revela completamente. El poder da libertad a lo que ha estado escondido en el interior del corazón humano. El poder dice la verdad acerca de quiénes somos. El poder libera lo que ha estado encarcelado en nuestro interior.

Jesús parece haber entendido eso. Por eso puedes vivir en un país libre y aun así estar cautivo por la condición de tu alma. Él sabía que llegaría un día en el que la opresión romana terminaría y, sin embargo, la necesidad de venganza de Israel tendría cautivo a su propio pueblo, razón por la cual Jesús les dijo a los hombres jóvenes que lo seguían lo último que ellos querían oír: "Pero yo les digo: No resistan al que les haga mal".

No había ambigüedad acerca de quién era el objetivo de esa afirmación. Estaba hablando del odio que tenían sus compatriotas judíos por sus opresores. En efecto, habría habido una enemistad profundamente asentada entre los israelitas, especialmente hacia quienes se consideraban colaboradores de los romanos. Por eso había un odio en particular por los recaudadores de impuestos. Estoy seguro de que también existía la animosidad diaria que se produce en nuestras relaciones cotidianas: conflictos familiares, rivalidades entre hermanos y tratos de negocio que se vuelven contenciosos. La enseñanza de Jesús sería más que cierta en cada una de esas situaciones, pero en este momento Jesús hablaba específicamente de los romanos. Para ser libres de ellos, les dijo, no hay que volverse como ellos.

Lo que Jesús propuso en cambio no era una resistencia pasiva, y sin duda tampoco un consentimiento cobarde. Él les ofrecía una manera nueva de ver el poder y la libertad, un modo de mantener su poder y su libertad a la vez que vivían por encima de los estándares establecidos por hombres que solamente sabían abusar y robar.

Él dijo: "Si alguien te da una bofetada en la mejilla derecha, vuélvele también la otra. Si alguien te pone pleito para quitarte la camisa, déjale también la capa. Y si alguien de las tropas de ocupación te obliga a llevar su carga una milla, llévala dos".

Ni siquiera puedo comenzar a imaginar cómo habrían sido recibidos estos consejos por parte de aquella audiencia. Debieron pensar que se había vuelto loco. Si alguien te arrebata lo que no merece, ¿por qué ibas a darle más?

Aquí está el genio de Jesús a la hora de lidiar con nuestra propia sensación de impotencia. Puede que no siempre te sientas libre para hacer menos de lo que se demanda de ti, pero siempre eres libre para hacer más. Esto fue cierto para Jesús, que vivía bajo un régimen opresor, y es incluso más cierto para nosotros en el presente. Tal vez no seas libre para llegar tarde al trabajo, pero eres libre para llegar temprano. Tal vez estás obligado legalmente a pagar los impuestos, pero nadie puede evitar que seas generoso. Quizá te sientes impotente para cambiar tus circunstancias, pero siempre tienes el poder para cambiar tu actitud.

Cuando yo era un niño aborrecía los sábados, pues era el día en que todos estábamos en casa como familia, y mi mamá hacía una lista de tareas que había que hacer antes de que fuéramos libres para ir a jugar. A mí no me gustaba que me dijeran lo que tenía que hacer. No me importaba el trabajo en sí; simplemente aborrecía la sensación de sentirme controlado.

Supongo que siempre he tenido una vena rebelde en mí. Era muy consciente de mi poder limitado. Habría graves consecuencias si no hacía lo que me decían que hiciera. No estoy seguro de cómo se metió la idea en mente, pero descubrí la solución para mi dilema y mi necesidad de libertad: me despertaba horas antes del resto de mi familia y hacía todo el trabajo que mi mamá esperaba que hiciera. Lo hacía tan calladamente como fuera posible para no despertar a nadie. Me encantaba la sensación de libertad que se producía cuando mi mamá se despertaba y veía que no quedaba ninguna tarea que yo pudiera hacer. Me rebelé haciendo más, y haciéndolo sin que me lo pidieran. Sin mencionar que entonces tenía libre el resto del sábado.

Debo confesar un abrumador sentimiento de satisfacción al saber que estaba haciendo todo ese trabajo sin que me lo pidieran. Desde temprano en mi vida descubrí que el trabajo hecho con libertad es mucho más satisfactorio que el trabajo hecho por obligación. No podía escaparme a no hacer las tareas sin tener consecuencias; sin embargo, encontré mi libertad en hacer más y hacerlo por mi libre albedrío. Eso se convirtió en un principio en mi vida: haz más de lo esperado, y siempre vivirás libre.

En uno de mis viajes a Sudáfrica tuve la oportunidad de visitar Robben Island, la prisión donde estuvo encarcelado Nelson Mandela por veintisiete años. Caminé por los estrechos pasillos donde Mandela pasó gran parte de su edad adulta, y miré a la pequeña habitación donde estuvo encerrado. Encarcelado de forma ilegítima, se perdió la alegría de educar a sus hijos y la dignidad de enterrar tanto a su mamá como a su hijo mayor, que murió en un accidente de tráfico en 1969. Sus peticiones de que le permitieran asistir a los funerales de las personas que amaba fueron denegadas cruelmente. Ese mismo año, su esposa Winnie fue arrestada también. Sus cartas expresaban que el saber que ella era libre era la única manera en que podía ser capaz de retener una sensación de libertad y de alegría.

En una de sus cartas, Mandela describía que lo obligaron a dormir desnudo sobre el piso de cemento, que estaba húmedo y frío durante la temporada de lluvias. Por trece años, estuvo privado incluso de la dignidad básica de tener una pijama para dormir. Eso era un lujo que solamente daban a los prisioneros de raza blanca, y nunca a quienes tenían la mala fortuna de tener una piel más oscura. Su celda no tenía ni calma ni plomería. Se le permitía escribir y recibir una carta una vez cada seis meses, y tenía permiso para recibir a un visitante durante treinta minutos solamente una vez al año.

Mandela fue la víctima de un sistema de injusticia, crueldad y racismo descarado. Permaneció en prisión hasta 1990, cuando finalmente fue puesto en libertad por Frederick Willem de Klerk, el nuevo presidente electo de Sudáfrica. El 11 de febrero de ese año, Nelson Mandela se convirtió en un ciudadano libre, o eso parecía. El mundo pronto descubrió que, aunque su casa había sido una prisión, él realmente había sido siempre libre.

Mientras estaba en prisión, había seguido su carrera de derecho. En 1993 se le concedió el Premio Nobel de la Paz junto F. W. de Klerk. Un año después, Mandela fue elegido primer presidente de Sudáfrica, siendo así el primero de raza negra. Él decidió utilizar su poder no para vengarse de sus opresores de raza blanca, sino para hermanar a su nación. Escogió el poder del perdón por encima de las cadenas del odio y la venganza. Su vida y su trabajo han elevado la causa de la igualdad y la justicia racial por todo el mundo.

Tengo gran confianza en que precisamente de eso hablaba Jesús cuando describió poner la otra mejilla, dar también la capa cuando toman tu camisa, y caminar una segunda milla. Nunca permitas que las acciones de otra persona te conduzcan a ser menos. El uso que hagan del poder revela quiénes son, y tu respuesta al poder revela quién eres tú. A pesar de cualquier poder que puedas sentir que tus opresores tienen sobre ti, ellos son impotentes cuando se trata de tu carácter. Solamente tú puedes decidir quién eres y quién llegarás a ser. Puedes entrar en una libertad que ellos son incapaces de entender, y mantenerte en tu poder de tal modo que ellos son impotentes para detenerte.

Puede que no haya nada más confuso para un opresor que saber que aquellos a quienes esclaviza tienen una libertad que no pueden arrebatarles.

• • •

ATENCIÓN, REVELACIÓN: SOY un luchador. Hay un fuego que se prende en mi interior cuando veo injusticia. Las palabras de Jesús no son un llamado a la pasividad, o ni siquiera al pacifismo. De hecho, cuando entendemos el contexto, Jesús está señalando muy concretamente a estrategias preparadas para quienes deciden hacer guerra contra la injusticia. Si tienes el poder de cambiar el mundo para mejor, hazlo. Si eres impotente para hacer nada, Jesús te muestra cómo recuperar tu poder. Los orgullosos nunca han enfrentado un arma que sea más poderosa que la humildad. La humildad es su propia fuerza, aunque a menudo se considera una debilidad.

Jesús dibuja tres escenarios en su sermón. "Si alguien te da una bofetada en la mejilla derecha, vuélvele también la otra. Si alguien te pone pleito para quitarte la camisa, déjale también la capa. Si alguien te obliga a llevarle la carga una milla, llévasela dos". Y añade: "Si quieren tomar lo que es tuyo, no se lo rehúses".

Para quienes escuchaban, estos escenarios no habrían sido hipotéticos. Él estaba describiendo retos que confrontaban diariamente. No sería algo inesperado que un soldado romano intentara instigar un conflicto con un joven israelita dándole una bofetada en la mejilla. El soldado esperaría que el hebreo careciera del autocontrol para evitar cometer un error fatal.

La respuesta de Jesús no era para los débiles. Cuando te den una bofetada en la mejilla en un intento por robarte tu dignidad, no te vengues; en cambio, vuélvele el lado de tu cara que no abofetearon, y ofrécesela. Esto nos parece absurdo en la actualidad, pero no lo habría sido para la multitud que escuchaba a Jesús. El soldado en este escenario habría sabido exactamente lo que estaba haciendo. No se le permitía herir a nadie gravemente sin provocación. El único poder que tenía era depreciar a la persona. Cuando alguien se mantiene impasible y le vuelve la otra mejilla, comunica que solo uno de los dos ha sido depreciado, y no es él.

Una de mis películas favoritas de todos los tiempos es *La leyenda del indomable*, el clásico drama carcelario que tiene como protagonista a Paul Newman. Se estrenó en 1967, adaptada de una novela escrita dos años antes por Donn Pearce. Esta película fue en muchos aspectos una de mis primeras biblias. Me enseñó cómo lidiar con mi sensación de impotencia, y también a cómo encontrar un poder interior que me daría fuerza cuando enfrentara pronósticos insuperables.

En la película, Luke es condenado a un campamento de prisioneros en Florida cuyas reglas son mucho más corruptas que cualquier crimen que él cometiera jamás. El lugar lo dirige un sádico alcaide que considera de su propiedad a los prisioneros para jugar con ellos y torturarlos. Desde golpizas, celdas de aislamiento, hasta trabajar como mano de obra barata, Luke y sus compañeros de prisión parecen más personas esclavizadas que personas que cumplen una sentencia.

A pesar de todo eso, Luke no parece tener ningún deseo de escapar de la prisión, y al mismo tiempo parece que la prisión no tiene ningún efecto en su sensación de libertad. La frase más icónica en la película, "Lo que tenemos aquí es un fallo de comunicación", es repetida dos veces: primero por el alcaide corrupto y cruel justo después de haber golpeado a Luke, y después al final de la película por Luke mismo, justo antes de ser ejecutado injustamente.

Al principio de la película, Luke es obligado a participar en un combate de boxeo con el prisionero más grande y fornido del campamento. El prisionero es conocido como Dragline, y es una bestia. Dragline es mucho más alto que Luke y que todos los demás convictos. Él dirige la economía clandestina del campamento de prisioneros y gobierna a los prisioneros con puño de hierro. Los prisioneros establecen un círculo en el patio alrededor de los dos hombres, y el alcaide y los guardias observan desde la distancia. Las reglas son el último hombre que quede en pie.

De todas las cosas que Luke puede ser, sin duda alguna no es un luchador. El combate de boxeo nunca es una competencia. Dragline bate a Luke claramente. Una y otra vez, Luke es lanzado al suelo y queda casi inconsciente. En las pocas veces que se las arregla para golpear a Dragline, sus puñetazos no tienen ningún efecto y, sin embargo, Luke se niega a rendirse. Incluso cuando es más fácil quedarse abajo y perder la pelea, Luke encuentra un modo de volver a levantarse.

Después de un rato, la masacre se vuelve demasiado dolorosa de observar, y los prisioneros comienzan a suplicar a Luke que no se levante. Uno por uno se alejan y se niegan a seguir siendo testigos de lo que sucede. El alcaide, que ha estado sentado en su patio, se queda para observar esta escena inesperada. Los guardias están perplejos por Luke y su resolución.

Esta escena siempre me ha fascinado. La mayoría de los hombres se ganan el respeto demostrando su dominio sobre sus oponentes, pero Luke se gana el respeto soportando toda la fuerza de su violencia y no permitiendo que eso lo quebrante. Al final de la pelea, incluso Dragline, que al principio se agradaba al golpear a Luke, le implora que no se levante. En cierto punto, Luke solo puede ponerse de rodillas. Dragline se agacha para tenerlo cara a cara, menea negativamente la cabeza y le dice que no se levante. Luke, con la pequeña cantidad de fuerza que todavía le queda, se las arregla para susurrar unas pocas palabras, pero no de rendición. "Vas a tener que matarme", le dice, y lanza un puñetazo más al hombre que lo ha dominado físicamente. Al final, Dragline deja el ring, al tiempo que se niega a continuar la pelea.

Luke cambió las reglas. De la manera más inesperada, derrota a su enemigo por mera valentía y la negación de rendirse al poder. Está en la prisión, pero no pueden hacerle un prisionero. Su libertad es intocable, incluso si termina costándole la vida.

Quienes utilizan su poder para oprimir no tienen el lujo de la libertad. Están atrapados dentro de los pequeños confines de sus mentes limitadas y sus corazones endurecidos. Para ellos, ver a alguien que es verdaderamente libre es más de lo que pueden soportar. Hay una extraña oscuridad dentro del corazón humano que siente la necesidad de destruir lo que no sabe o no conoce.

Jesús desafió a sus seguidores a no permitir que quienes abusan de su poder les roben su dignidad, o su fuerza, o su libertad. Nadie que es genuinamente poderoso necesita abusar de su poder e imponerlo a los indefensos. Quienes oprimen a los débiles son los más débiles de todos, razón por la cual solamente habría que confiar poder a los humildes.

No podemos dejar de mencionar que lo que Jesús llamó a hacer a sus seguidores, Él mismo lo hizo más que todos nosotros. Si alguien ha presentado la otra mejilla, fue Jesús de Nazaret. No fue debilidad lo que le condujo a la cruz. Él tenía poder más que suficiente para liberarse a sí mismo, pero presentó la otra mejilla y se permitió a sí mismo que lo golpearan, se burlaran y lo crucificaran.

Fue su mayor acto de fortaleza. Quienes usaron su poder para poner fin a su vida no pudieron depreciarlo. Eran impotentes para cambiar quién era Él y cómo decidió vivir.

Incluso antes de entonces, Jesús escogió una vida que le costó todas las comodidades que nosotros más valoramos muchas veces. Él no tenía riqueza, ni hogar, ni seguridad, ni familia, ni posición, ni título, ni ningún medio de protección. Sin embargo, causó el impacto más irreversible sobre la humanidad mediante su vida y también su muerte. Comenzó una revolución contra el racismo, el elitismo y el sexismo que influencia a la cultura moderna hasta la fecha. Elevó el valor y el poder de la bondad y la compasión. Integró la santidad con el humanitarismo, fundiendo el primer mandamiento con el segundo. Jesús sacó a la luz la mentira de amar a Dios sin amar a la gente. Estableció una nueva ética para el liderazgo: que liderar es convertirse en el siervo de todos, que el poder debería usarse no para controlar, sino para crear.

Jesús no cambió la condición de su vida, pero cambió el rumbo de la historia humana. Reformuló nuestra perspectiva del poder hasta tal extremo que ahora esperamos que nuestros líderes sirvan al bien común. Históricamente, esto ni siquiera era una consideración para quienes estaban en el poder.

Si tienes la fuerza para hacerlo, mantente firme en cualquier injusticia que estés enfrentando, y sé un recordatorio para tus opresores de cómo se ve en realidad la verdadera fuerza.

• • •

DESPUÉS DE DECIRLE a su audiencia que presente la otra mejilla, Jesús dice que, si alguien quiere ponerte pleito y tomar tu camisa, deberías darle también tu capa. Debería resultarnos fácil imaginar la reacción de la multitud, ya que vivimos en un mundo en el que constantemente uno demanda del otro. Yo vivo en Los Ángeles, que puede que sea la ciudad más litigante en los Estados Unidos, si no en todo el planeta. Cada año, se presentan más de un millón de demandas en California. Tenemos autobuses con anuncios gigantes de bufetes de abogados que no hacen otra cosa sino ocuparse de una demanda tras otra. La fundación American Tort Reform Foundation listó a California como el "antro judicial" número uno de demandas frívolas.

Aunque, sin duda alguna, están quienes necesitan ser defendidos y que merecen ser compensados por los daños y las injusticias que les hicieron, esa no es la leña de nuestra cultura litigante. Las demandas han pasado de ser un modo de proteger los derechos de los indefensos, a ser un medio de ganar dinero rápido. Con demasiada frecuencia las demandas son la versión legal del robo que tiene nuestra sociedad.

Una cosa curiosa sobre la injusticia es que a menudo crea la incubadora para la justificación. Mientras más creemos que todas las corporaciones e instituciones son corruptas, más justificados nos sentimos al robarles. Concluimos que todo es un fraude, de modo que también nosotros podríamos sacar tajada. Ya no se trata de conseguir justicia, sino de conseguir dinero. Nos convertimos en una cultura de consumidores. Lo suficiente nunca es suficiente. Siempre queremos un poco más, o quizá mucho más. Por años, he enseñado que robamos porque no creemos que podemos crear. Una cultura litigante piensa en maneras de poder tomar el dinero del otro. La codicia engendra codicia. La corrupción engendra corrupción.

Los hebreos vivían sin justicia; pero entre ellos mismos su opresión mutua no los condujo a un mayor respeto mutuo. Mientras que los romanos imponían unos impuestos insoportables a los hebreos, estos, como respuesta, se volvían unos contra los otros. Por eso en los Evangelios encontramos el tema recurrente del desprecio por los recaudadores de impuestos. Los recaudadores de impuestos eran los intermediarios entre el Imperio Romano y los hebreos. En un sentido muy real, habían vendido su alma al enemigo; ellos eran responsables de asegurarse que los romanos recibieran los impuestos que demandaban de todos sus súbditos, pero había mucho margen en el proceso. Los recaudadores de impuestos a menudo tenían un poder incontrolado, sin nadie que monitoreara su ética; y esto se convirtió en un hervidero para la corrupción. Los recaudadores de impuestos demandaban mucho más de lo que requería el imperio, y una parte importante de sus ingresos provenía de estas cantidades. Mientras que el César recibiera lo que demandaba, ellos eran libres para pedir la cantidad que quisieran. Los recaudadores de impuestos eran ladrones institucionales respaldados por el poder de Roma.

Cuando sientes que te han arrebatado lo que te pertenece, puedes justificar fácilmente la creencia de que tú bien podrías tomar también lo que puedas de quien puedas. Quizá lo único peor que la vil pobreza es el modo en que esta nos convence para que veamos el mundo como un sistema de recursos limitados, o de posibilidades limitadas para producir lo bueno.

Mientras ponía los toques finales a este capítulo, recibí la noticia de la investigación del gran jurado sobre los disparos a Breonna Taylor, una tecnóloga médica de veintiséis años que vivía en Louisville, Kentucky. Tres oficiales de policía entraron por la fuerza en su apartamento bajo orden judicial sin aviso, emitida sobre la base de actividad de tráfico de narcóticos de su exnovio Jamacus Glover. Los oficiales iban vestidos de civiles, y el novio de Breonna, Kenneth Walker, pensando que eran unos intrusos, abrió fuego en defensa propia. Entonces la policía también abrió fuego, haciendo treinta y dos disparos. Cuando salía de su cuarto hacia el pasillo de su apartamento, Breonna recibió seis disparos, y murió poco después.

El caso ha disparado la indignación por todo el país, y por un buen motivo. No se puede disparar a alguien seis veces por accidente. Al menos así es como yo lo veo.

El mes pasado supimos que habría 12 millones de dólares como desagravio. Hoy, se anunció la decisión del gran jurado. Resulta escandaloso que no hay ningún acusado de su muerte. Nadie será hecho responsable. Yo pausé mientras estaba escribiendo este capítulo para leer un texto de un amigo que es afroamericano. Decía que estaba a la vez enojado y sin palabras. Escribió: "Escuchar cuál fue el veredicto de Breonna Taylor hace que te preguntes si nosotros, como pueblo afroamericano, seremos tratados alguna vez como una parte igual de la raza humana".

Este hombre es un exdeportista olímpico instruido y exitoso, dueño de una casa en Beverly Hills, y se siente impotente para producir el cambio que nuestra sociedad necesita tan desesperadamente. Él teme por sus hijos, que algún día sean considerados erróneamente como una amenaza simplemente porque son afroamericanos. Él es un hombre de paz que de ninguna manera se inclina hacia la violencia, aunque físicamente es imponente. Aun así, se siente paralizado por la injusticia que ve que se produce en el mundo.

Puede sucedernos a todos. Podemos sentirnos atrapados entre violencia y victimización. Como él ha superado tantos obstáculos y desafíos, tengo confianza en que lo hará una vez más.

Muchas veces, sin embargo, la indefensión crea una pobreza del alma. Cuando perdemos fe en que hay suficiente para todos, llegamos a convencernos de que, si queremos conseguir lo que merecemos, debemos arrebatárselo a otro. Para que otro tenga éxito, tú debes fracasar. Para que otro tenga, tú debes privarte. He conocido a muchas personas que vivían en la pobreza y eran increíblemente generosas, pero nunca he conocido a nadie con una mentalidad de pobreza que practicara la generosidad. Y esta mentalidad no tiene nada que ver con el nivel de ingresos. He conocido a personas con una riqueza increíble que carecían de generosidad. Por sorprendente que pueda parecer, vivían con temor a perder lo que tenían. Toda la riqueza del mundo no podía hacerles libres de aferrarse con temor a su dinero y sus posesiones.

Jesús habló a este dilema. ¿Cómo hacemos guerra contra la codicia? La codicia es alimentada muchas veces por una combinación de envidia y temor. Llega a impulsarnos la codicia cuando queremos tener lo que no tenemos, y cuando vivimos con temor a que nunca conseguiremos lo que queremos. Si no tengo la inclinación a robarte eso, podría ser lo bastante astuto para pensar en un modo de arrebatártelo legalmente.

Jesús intenta una vez más cambiar nuestro modo de pensar sobre esta crisis del espíritu humano. ¿Cómo se lucha contra la codicia excepto con generosidad? Si alguien intenta ponerte pleito y tomar tu camisa, confúndelo totalmente al darle también tu capa. No pelees contra es persona por cosas que no tienen importancia. Elévate por encima y responde a su codicia con una generosidad que lo confundirá.

Solo puedes darle a un hombre tu capa si tienes una mentalidad de abundancia. Si estás convencido de que Dios es siempre más generoso que tú, entonces se vuelve más fácil ser generoso con lo que tienes.

. . .

EL ESCENARIO FINAL en el Sermón del Monte de Jesús conecta directamente con las reglas de la opresión romana. En aquellos tiempos, a un soldado romano se le permitía demandar que un súbdito hebreo cargara con su equipo hasta una milla. Siglos antes, Ciro el Grande había inventado el sistema postal para llevar cartas y documentos de un lugar a otro por todo el Imperio Persa. Para hacer que su sistema funcionara, los soldados que servían como mensajeros estaban empoderados para obligar a cualquiera a lo largo de su viaje a llevar sus pesados paquetes, que pesaban de 60 a 70 libras (27 a 32 kilos) según algunos historiadores, hasta una milla. Eso permitiría que su caballo se viera aliviado de la carga y pudiera descansar mientras el sujeto cargaba su paquete.

Esta práctica se mantuvo intacta durante el Imperio Romano. Los soldados romanos podían detener a cualquier judío con el que se cruzaran en su viaje y demandar que cargaran con su paquete la milla que estaba permitida. La Calzada Romana tenía marcadores, haciendo que fuera fácil saber cuándo se había cumplido esa obligación. Si un judío se negaba a someterse a la demanda de un soldado romano, sería flagelado y golpeado.

Cuando la primera milla llegaba a su fin, el soldado finalmente liberaría a su víctima y pondría de nuevo el paquete sobre los lomos del caballo. Solamente entonces, el hebreo era libre para irse. Para el sujeto, este viaje habría sido un camino de dos millas de humillación. La primera milla, cargando el paquete como si no fuera un hombre, sino una mula. La segunda milla, una caminata de regreso, avergonzado, hasta donde fue obligado por primera vez a hacer el trabajo de un esclavo. Cada paso le habría llevado cada vez más profundo a una abrumadora sensación de indefensión. El viaje era un recordatorio de que su vida no le pertenecía, y que no era libre para escoger sus propios pasos.

Sin embargo, incluso aquí, Jesús nos muestra una nueva senda hacia la libertad. Cuando te demanden que cargues con su paquete por una milla, dijo Él, llévala dos. Justo cuando pensaban que te habían quebrado haciéndote caminar una milla por obligación, les habrías mostrado que tú vives una vida de intención.

De igual modo que la humildad es siempre más poderosa que la arrogancia, y la generosidad es el gran poder sobre la codicia, el servicio es el poder singular que puede vencer a la obligación. La obligación es un falso poder. La intención es un poder que te eleva hasta tu mayor libertad.

Cuando seas obligado a servir, que el servicio sea tu fuerza. Haz siempre más de lo que se requiere. Haz siempre más de lo que se espera. No hay ley que esté preparada para detener a una persona determinada a hacer más bien del que se esperaba.

¿Puedes imaginar la cara de ese soldado cuando le dijo al sujeto que era libre para irse, y el sujeto en cambio insistió en llevar el paquete una segunda milla? ¿Puedes sentir el poder en ese momento? Yo puedo verlo ahora: "No, estoy bien. No estoy cansado, y su caballo está claro que está bien. No puedo culparlo por haber pedido mi ayuda. Es bien conocida la fuerza de los hebreos, si no famosa, en todo el mundo".

No sé qué otra cosa llamar a eso si no es genio. Jesús lo trastorna todo. Esto es taekwondo en un mundo de pegadores. Es ajedrez en un universo de jugadores de damas. Es el genio del poder para los indefensos. Es el genio de no perder nunca tu poder. Es el tipo de poder que nunca necesita flexionar músculos. Es un poder tan elegante que nunca vemos su fuerza. La ola nunca es más poderosa que la corriente subterránea. El poder que no se ve es siempre mayor que el poder que necesita verse.

· · ·

¿QUÉ HARÍAS SI descubrieras que tenías todo el poder del universo? ¿Cuál sería tu primer acto para demostrar tu poder? Juan nos dice que esa es exactamente la posición en la que se encontraba Jesús cerca del final de su ministerio. Nos recuerda que llegó un momento en el que Jesús entendía que le habían sido dados todo el poder y la autoridad. Sabiendo eso, entonces se puso una toalla en la cintura, agarró un cubo de agua, y se puso de rodillas. Por incómodo que eso hizo sentirse a sus discípulos, Jesús comenzó a lavarles los pies.

Eso es lo que Jesús hizo con su poder. Adoptó la postura de un sirviente. Decidió morir por quienes decidirían matarlo. Se mantuvo fiel a quienes lo iban a traicionar. Ofreció perdón a quienes ofrecerían solamente condenación. Sanó a los enfermos, aunque eso significara que llevaría para siempre las heridas de su ejecución. Se ciñó una toalla a la cintura para servir a quienes más adelante afirmarían no tener relación alguna con Él. Servir al mundo de este modo le costó todo. En la cruz se veía indefenso; sin embargo, el mundo no había visto nunca tal demostración de poder.

Jesús trastornó todo el mundo cuando se trataba de poder. El suyo era un genio que esquivaba a todos los intelectos de su época. ¿Cómo podrían haber sabido que el poder nunca conocería toda su fuerza hasta que fuera usado para beneficio de otros? ¿Cómo podrían haber entendido que no está por debajo de Dios servir? ¿Que servir es exactamente propio de Dios? Si queremos conocer el poder de Dios, debemos aceptar plenamente el corazón de Dios. Él es el mayor siervo que haya vivido jamás. No hay ningún pie demasiado sucio para que Dios lo lave. No hay ninguna vida demasiado quebrada para que Dios la sane. Ningún alma es demasiado oscura para que Dios la perdone.

¿Quién hace eso con su poder? ¿Quién consideraría eso un acto de poder? ¿Quién si no Jesús tomaría esta decisión?

Así es como se ve el poder en las manos de Dios.

Así es como se ve el poder en las manos de un genio.

Capítulo Cinco

EL GENIO DE LA GRACIA

Era el año 1986, y yo estaba estudiando para mi maestría a la vez que viajaba por todo el país como orador. Mi calendario era a menudo frenético. Pasaba la mayoría de los días operando con un déficit de energía mientras intentaba hacer mucho más de lo que probablemente debería haber comenzado.

En una de mis clases, el profesor permitía que tuviéramos muchas conversaciones abiertas e incluso disensión con respecto a sus perspectivas. Por la razón que fuera, yo escogí la senda de la disensión, y con bastante frecuencia me encontraba interrumpiendo su conferencia para estar en desacuerdo abiertamente con algo que él acababa de decir. Recuerdo pensar: *No puedo creer que él esté enseñando esta clase.* Me preguntaba cómo alguien con una licenciatura podía estar tan equivocado.

Al mirar atrás, siento una cantidad importante de bochorno y vergüenza ante mi falta de humildad, apertura y disposición a aprender. Creo que me veía a mí mismo como un defensor de la verdad. Entonces, un martes llegué apresuradamente a la clase, tarde como siempre, y algo parecía diferente. Todos los alumnos estaban callados y totalmente enfocados en los papeles que tenían delante. Me sobrepasó una ola de temor cuando me di cuenta del porqué. Era el examen de mitad de trimestre.

Me sentí muy confuso. La mitad de trimestre es el jueves. Hoy es martes. Lo sentí como uno de esos sueños en el que estás desnudo delante de una multitud, solo que esta vez no estaba durmiendo. No pude contenerme. Me quejé en voz alta y pregunté, no a ningún alumno en particular, sino a toda la clase, qué estaba sucediendo. No recuerdo si alguna persona respondió, o lo hizo toda la clase, o si el universo respondió, pero la respuesta fue clara y enfática: mitad de trimestre.

Me giré a la izquierda, donde estaba de pie mi profesor observando toda la escena. Quizá por lástima, me miró y dijo: "Sr. McManus, por favor, salga del salón".

Podría haberme humillado delante de toda la clase, como yo había hecho con él tantas veces a lo largo del año, pero no lo hizo. Al menos, mi ejecución sería en privado. Al menos, él me concedería esa pequeña bondad.

Aun así, me preocupé. ¿Sería expulsado de la clase? ¿Me suspendería allí mismo? Esa era la oportunidad que tenía de devolverme la falta de respeto que yo le había mostrado a lo largo del año. Pensé que debía aprovecharla, pues sin duda me lo merecía.

El profesor era un hombre tranquilo. Pensativo, introspectivo. Un hombre de pocas palabras y también de interminables pensamientos profundos. Nunca olvidaré lo que me dijo aquel día, mientras yo estaba de pie en el pasillo oscuro y deslucido esperando a que me golpeara el martillo. Él respiró profundamente, y por fin rompió el incómodo silencio.

"Sr. McManus", dijo, "hay veces en nuestras vidas cuando nuestra única esperanza es la gracia. Hoy es ese día para usted".

No me pidió una explicación. Me dijo que era obvio que yo había confundido las fechas. No necesitaba justificar mi incompetencia. Simplemente me dijo que regresara el jueves listo para el examen de mitad de trimestre.

Nunca olvidaré ese momento. Un hombre de menor estatura me habría enseñado una lección diferente. Habría sido justo para ese profesor enseñarme las consecuencias de mi arrogancia e impertinencia, enseñarme a tener más respeto por mis superiores. En cambio, me enseñó una lección diferente que moldea mi vida hasta el día de hoy: no hay nada más poderoso que el poder de la gracia. Nada más hermoso.

Nunca más volví a verlo. Sus conferencias hicieron mella y resonaron en mi alma de un modo que nunca había sucedido. Entendí que haberme sentado a sus pies y aprender fue un regalo.

• • •

LA GRACIA ES una cosa hermosa de contemplar.

Cuando pienso en alguien que muestra gracia, mi memoria da un salto de regreso a los Juegos Olímpicos de Montreal de 1976. Nadia Comaneci medía solamente cinco pies y cuatro pulgadas (1,62 metros). Tenía 14 años, y competía en las barras asimétricas para el equipo de gimnasia de Rumanía con los ojos del mundo entero observando cada uno de sus movimientos. Ella hizo lo que hasta entonces considerábamos imposible: lograr la primera puntuación perfecta en la historia de los Juegos Olímpicos. Recuerdo verla allí de pie elegantemente mientras cada uno de los jueces le concedía un 10 de 10. Nadie había conseguido nunca un 10 perfecto; ella consiguió la perfección siete veces más bajo los focos del mundo y contra los mejores competidores del mundo.

Cuando su carrera terminó, Comaneci había ganado cinco medallas de oro olímpicas, había redefinido su deporte, y se había labrado un lugar permanente para sí misma en la historia olímpica. Lo que más recuerdo era su sonrisa. Era como si aquella pequeña muchacha de Rumanía fuera ajena a la presión, o al menos inmune a ella. Mientras que las otras gimnastas peleaban para competir, ella parecía divertirse. La perfección parecía un juego para ella, una fuente de alegría. No cometía fallos y a la vez parecía no hacer esfuerzos. Ella personificó para una generación la definición misma de gracia.

Hay muchos más ejemplos en el mundo de los deportes. Michael Phelps es la antítesis física de Nadia Comaneci. Él mide 6 pies y 4 pulgadas (1,93 metros), pesa 194 libras (90 kilos), y tiene una envergadura que le hace parecer más adecuado para el agua que para la tierra. Cuando lo mirabas, no podías imaginar que un ser humano de su tamaño se moviera tan velozmente por el agua, hasta que saltaba desde el trampolín y hacía precisamente eso. Cuando nadaba a estilo libre, a espaldas, a mariposa, o a estilos individuales, Phelps era una maravilla de contemplar. Batió récords mundiales, ganando ocho medallas de oro en los Juegos Olímpicos de verano de Beijing de 2008 y un total de veintiocho medallas, veintitrés de ellas de oro, al final de su carrera olímpica. Cuando Phelps se movía por el agua, era poesía en movimiento. Él personificó para una generación la definición de excelencia.

La gracia, por definición, es elegancia o belleza de forma, manera, movimiento o acción. También es la manifestación de favor. Esto hace de "gracia" una de esas palabras peculiares que adopta dos significados muy distintos dependiendo del contexto; sin embargo, sigue existiendo una conexión profunda entre esos significados, como descubriremos. La gracia, según cualquier definición, es trascendente; incluso en el más trivial de los entornos, evoca maravilla. Uno conoce la gracia cuando la ve. Eleva; trasciende. Conlleva un toque de lo divino. La gracia se manifiesta en un favor que parece injusto, en obras que solo pueden describirse como una obra de arte. Es innegable.

Lo que estos deportistas tienen en común es lo siguiente: no solo hacen que lo imposible sea posible, sino que también la grandeza y la excelencia parezcan algo fácil. Hacen que el genio parezca no requerir esfuerzo y que el duro trabajo se vea como un mito. Las interminables horas que emplean refinando su destreza están ocultas en la elegancia y la facilidad de su actuación. La grandeza parece una segunda naturaleza para ellos. Mientras que la mayoría de nosotros batallamos para llegar a lo promedio, ellos danzan entre los dioses.

Cuando observo esta gracia en acción, siempre me deja preguntándome: ¿debemos simplemente ser los observadores agradecidos de tal gracia, o existe una gracia que también nosotros podemos conocer? Estoy agradecido por haber experimentado la maravilla de la gracia cuando más la necesitaba. Pero ¿puedo yo mismo llegar a ser una expresión elegante de gracia? Si parece que he nacido con dos pies izquierdos, ¿cómo puedo llegar a mostrar gracia? ¿Puedo hacer que ser humano sea un acto de gracia?

Yo habría dado cualquier cosa por poder observar a Picasso mover su pincel sobre el lienzo, o poder sentarme en la sala observando a Einstein mientras solucionaba un problema matemático. Me habría encantado sentarme al lado de Leonardo da Vinci y preguntarle cómo imaginaba cosas que nunca había visto, como vehículos acuáticos que podían sumergirse en las profundidades del océano o un helicóptero que flotaba como un colibrí. Imagina estar sentado al lado de Mozart mientras pensaba en qué nota era la siguiente, traduciendo a las teclas del piano lo que había en su imaginación. Cada una de esas ocasiones no sería nada menos que experimentar la definición misma de gracia.

Al mismo tiempo, muchos de aquellos a quienes identificamos como genios han tenido otros aspectos de su personalidad que han sido menos que deseables. Fueron excelentes en matemáticas y terribles en las relaciones. Fueron compositores brillantes, pero seres humanos horribles. Sus cuadros nos inspiraron con tal belleza que apenas podíamos soportarlo, y su arrogancia era prácticamente insoportable. Sin embargo, su genio nos obligaba a aceptarlos tal como eran e incluso, a veces, a excusarlos por no parecer dignos del talento que recibieron. Llegaría incluso a decir que esperamos que el genio esté acompañado por disfunción, o arrogancia, o incluso narcisismo. Después de todo, ¿cómo podrías ser un genio y no estar lleno de ti mismo?

A eso se refieren los historiadores cuando escriben acerca de la carga del genio. Es más fácil, más sencillo, más complaciente, ver el mundo como todos los demás lo ven. Es más fácil aceptar el mundo tal como es sin cuestionar. Es más fácil pertenecer. Es más fácil ser aceptado. Es más fácil ser amado. Quizá la locura del genio llega en el aislamiento que produce del resto del mundo. El peso del genio es más de lo que la mayoría puede soportar. Supongo que nos hace ser a nosotros los afortunados.

Estoy convencido de que esa es una de las razones por las que durante dos mil años hemos pasado por alto el genio de Jesús. Jesús no demuestra los atributos negativos que esperamos de aquellos que tienen mentes y talentos brillantes. Como vimos anteriormente, Él tenía amigos, y muy cercanos, y trataba a los más bajos como personas del mayor valor. No veía a nadie por debajo de Él. Su postura hacia los humildes era siempre de humildad y bondad.

De este modo, Jesús expresa genio en una arena del desarrollo humano que parece eludir a muchas de las grandes figuras de la historia. Su genio puede verse en el modo en que nos llama a relacionarnos los unos con los otros, en cómo nos enseña a llevar las cargas de la vida con gracia.

• • •

Parecemos mostrar mayor gracia y generosidad cuando estamos en nuestro mejor momento y las condiciones son más favorables, pero es cuando estamos en la prueba, en el fuego, donde más se necesita la gracia. Me recuerda lo que es bien sabido que Bruce Lee decía a sus aprendices: que fueran "como el agua" durante el estrés de una pelea. Somos más impresionados cuando alguien muestra gracia bajo el fuego.

Jesús habló a menudo sobre tener gracia en medio de las duras realidades de la vida; más notablemente en los dichos que han llegado a conocerse como las Bienaventuranzas:

Bienaventurados los pobres en espíritu, porque de ellos es el reino de los cielos.

Bienaventurados los que lloran, porque ellos recibirán consolación.

Bienaventurados los mansos, porque ellos recibirán la tierra por heredad.

Bienaventurados los que tienen hambre y sed de justicia, porque ellos serán saciados.

Bienaventurados los misericordiosos, porque ellos alcanzarán misericordia.

Bienaventurados los de limpio corazón, porque ellos verán a Dios.

Bienaventurados los pacificadores, porque ellos serán llamados hijos de Dios.

Bienaventurados los que padecen persecución por causa de la justicia, porque de ellos es el reino de los cielos.

Estos son los lugares y las posturas donde se encuentra la gracia. Puede que parezcan fáciles desde cierta distancia, pero son las manifestaciones más grandes de fortaleza. Estas palabras son el modo que tiene Jesús de decir que, cuando el mundo se endurece, seamos como el agua.

Un incidente que me parece destacado tuvo lugar cerca del final de la vida de Jesús. En este momento en particular Judas, uno de sus amigos y seguidores más cercanos, había decidido traicionar a Jesús. Cuando Jesús estaba orando en un huerto fuera de Jerusalén, llegó Judas con una gran multitud armada con espadas y palos. Habían sido enviados por los principales sacerdotes y los ancianos del pueblo para arrestar a Jesús, y Judas les había dado una señal para que supieran a qué hombre debían arrestar: "Al que le dé un beso, ese es; arréstenlo".

Acercándose enseguida a Jesús, Judas se dirigió a Él con el respeto y el honor usuales, diciendo: "Saludos, Rabí". Se acercó más a Jesús como lo haría un amigo íntimo, y lo besó en la cara.

La respuesta de Jesús fue tan sencilla que podríamos pasar por alto su poder. Le dijo: "Amigo mío, adelante, haz lo que viniste a hacer". En otras palabras, Jesús no fue agarrado por sorpresa. Él sabía todo el tiempo que Judas había llegado para traicionarlo.

Los hombres que iban con Judas se acercaron y agarraron a Jesús y lo arrestaron. En defensa de Jesús, Pedro, otro de los discípulos de Jesús, sacó una espada e hirió al siervo del sumo sacerdote. Le cortó la oreja al siervo en lo que fue la muestra más extraordinaria de destreza con la espada por parte de un pescador, o un fallo desafortunado cuando su objetivo era decapitar a su adversario. Jesús ordenó a Pedro que guardara su espada, se arrodilló para recuperar la oreja del hombre, y entonces la presionó en la cabeza de la víctima y sanó la herida.

Todo esto debió haber sucedido en un instante intenso y frenético, pero los discípulos que registraron este episodio no podrían haber pasado por alto las implicaciones de lo que sucedió. Nada podría haber cortado más profundo que ser traicionado por el beso de una persona de confianza. Sin embargo, Jesús no fue movido a la violencia, el contraataque o la venganza, ni tampoco estaba indefenso en este momento. Él tenía el poder para sanar y el poder para destruir. Pero cuando Pedro inició la violencia, Jesús dejó claro que Él vino a sanar las heridas, no a infligirlas.

A veces, un acto de genio es más de lo que nuestras pequeñas mentes pueden comprender, o tal vez con más precisión, más de lo que nuestras almas pueden absorber. ¿Por qué sanar la herida de tu enemigo y después permitir a tu enemigo darte un golpe fatal? ¿Por qué decidirías seguir amando precisamente a quien te traicionó? ¿Por qué no utilizar la fuerza contra aquellos que solo conocen la hostilidad? Ni los acusadores de Jesús ni sus seguidores podían dar sentido a sus decisiones.

Hay momentos en la vida que hacen concesiones para lo peor de nosotros. Tal vez has perdido tu empleo y tu seguridad financiera, y le hablas mal a un amigo que no sabe lo que está sucediendo. Quizá te cierras emocionalmente porque alguien te rompió el corazón. Todos enfrentamos momentos como esos, cuando nuestras reacciones son perdonables una vez que se entiende el contexto; sin embargo, quizá es solamente gracia cuando está bajo el fuego. El momento o bien nos define, o nosotros definimos para siempre el momento.

Jesús siempre era mayor que el momento. Él nunca escogió rebajarse al nivel de quienes intentaban rebajarlo a Él. Siempre se elevó por encima de la tensión y el combate. Y, desde ese lugar, nos llama siempre a escoger el camino más elevado.

Él enfrentó el mismo tipo de circunstancias que sacan nuestra amargura y nos paralizan con temor, y sin embargo su vida fue una expresión elegante y hermosa de lo que significa personificar la gracia. Jesús era poesía en movimiento.

· · ·

CUANDO PENSAMOS EN las enseñanzas de Jesús, nuestra atención se dirige de modo natural a lo que Él dijo sobre la naturaleza de Dios. Esto no es un asunto pequeño, ya que Jesús transgrede la perspectiva histórica de Dios como el Dios de ira y condenación, y reformula la perspectiva de Dios como un Dios de gracia. Pero la perspectiva de Jesús sobre Dios también introdujo una manera elegante de enfocar las relaciones humanas.

Por miles de años, los seres humanos nos hemos considerado a nosotros mismos rectos señalando las faltas, los tropiezos y los pecados de los demás. Los políticos gastan millones en anuncios publicitarios que destacan la hipocresía de sus competidores a la vez que ocultan la propia. Quienes son religiosos sujetan a los demás a legalismos en los que ni siquiera ellos pueden estar a la altura. Demasiadas veces nos hacemos cautivos los unos a los otros mediante la culpabilidad y la vergüenza.

Si Dios, que tiene todo el derecho de declararnos culpables, se niega a hacerlo, ¿cómo no podemos perdonarnos los unos a los otros? Si Dios, que ve todo lo que hemos hecho jamás y fácilmente podría ahogarnos en nuestra culpabilidad y vergüenza, solamente busca sanarnos y darnos libertad, ¿cómo no puede ser esa nuestra intención los unos hacia los otros?

Como con cada acto de gracia, este enfoque suena mucho más fácil de lo que es en la práctica. Mostrar gracia parece fácil, pero la historia ha revelado que vivir una vida de gracia es increíblemente poco frecuente, y quizá incluso imposible. Hasta en nuestro entorno actual tenemos lo que ahora se conoce como "cultura de anulación". Rebuscamos la historia de cada tuit que una persona ha escrito jamás, cada afirmación que ha hecho una personalidad pública, cualquier broma que ha contado un cómico, o cualquier error que una persona ha cometido en el pasado, buscando munición para poner fin a sus carreras. No permitimos el cambio, el crecimiento o simplemente la imperfección del ser humano.

Condenar es fácil, y también es feo y poco elegante. La gracia hace más hermosos tanto al dador como al receptor. La gracia nos da espacio para crecer, para cambiar, para madurar, para arrepentirnos de un pasado que estamos decididos a que no definirá nuestro futuro. Ah... eso también es importante. La gracia cree en nuestro futuro.

Podríamos suponer que la religión existiría para que la gracia fluyera con libertad, pero una y otra vez se ha demostrado que es cierto lo contrario. Mientras que cada religión que ha existido en esta tierra parece estar construida sobre la necesidad de gracia que tiene la humanidad, en la mayoría de los casos la religión utiliza nuestra necesidad de gracia para mantenernos cautivos. Yo aprendí temprano como católico que mi eternidad dependía de mi conformidad. Más adelante, cuando los bautistas me condujeron a una fe personal, me informaron rápidamente que Jesús estaba en contra del baile, de beber y de fumar. También había varios pecados imperdonables como el sexo antes del matrimonio, el divorcio, y ser un demócrata.

La religión dispensa la gracia como si fuera el objeto menos frecuente, existiendo tan solo en una cantidad limitada. Acumula poder demandando obras por nuestra parte para obtener la gracia; y como la realidad es que nuestra necesidad de gracia es interminable, eso asegura que siempre estaremos en deuda con la iglesia, con el templo, con la sinagoga, o con la mezquita para su dispensación.

En el momento en que debemos trabajar por la gracia ya no es, por definición, gracia. Fue este mismo tipo de fariseísmo lo que Jesús vino a confrontar. En un golpe de genio,

Jesús vino a nosotros para asegurar el libre fluir de la gracia hacia cualquiera que la pida.

Una mañana temprano, Jesús apareció en los atrios del Templo una vez más. La gente se reunió cuando Él se sentó y comenzó a enseñar. De repente, los maestros de la Ley y los fariseos presentaron delante de él a una mujer que había sido sorprendida en el acto mismo de adulterio. Podemos suponer que a la mujer la habían sacado a rastras inesperadamente de la cama en la que había dormido con un hombre casado, y la llevaron delante de Jesús en contra de su voluntad. Lo más probable es que estuviera medio vestida, si no desnuda.

Los líderes religiosos le hicieron estar en medio del grupo que se había reunido para oír enseñar a Jesús. Juan, quien registra este encuentro, nos dice que entonces plantearon un dilema a Jesús: "Esta mujer fue sorprendida en el acto de adulterio. En la Ley, Moisés ordenó que apedreemos a tales mujeres. ¿Tú qué dices?".

Se nos dice que Jesús se inclinó y comenzó a escribir en la tierra con su dedo. Mientras tanto, los acusadores seguían cuestionándolo, intentando hacer que condenara a la mujer que estaba delante de Él. Es curioso que la mujer se mantuvo allí sola delante de Jesús. Es increíblemente difícil cometer adulterio uno solo. Es mucho más que probable que el hombre fuera el que estaba casado; sin embargo, sus acusadores no llevaron al hombre para que rindiera cuentas de sus actos.

Después de parecer ignorar sus preguntas, Jesús finalmente se incorporó. Entonces miró hacia ellos y les ofreció un criterio sencillo: "Cualquiera de ustedes que nunca haya pecado que tire la primera piedra".

Se nos dice que Jesús se inclinó otra vez hacia la tierra y comenzó a escribir. Entonces, y solamente entonces, los acusadores de la mujer se vieron detenidos por su propia hipocresía. Cuando escucharon el criterio que Jesús les había planteado, uno por uno comenzó a dejar caer sus piedras y se fueron calladamente.

Al final, solo quedaron Jesús y la mujer. Jesús, que había estado inclinado mientras escribía en la tierra, se incorporó y miró directamente a la acusada. "Mujer, ¿dónde están los que te acusaban? ¿Ninguno te condenó?". Su respuesta fue sencilla y concisa. "Ninguno, señor". Entonces Jesús le declaró: "Ni yo te condeno; vete, y no peques más".

Desde mi punto de vista aventajado, puede que no haya otro encuentro en la vida de Jesús más profundo que este. Ningún otro momento en el que la gracia estuviera tan claramente ausente y se necesitara tan desesperadamente. Y ningún otro momento en su ministerio que nos diga más acerca de quién era Jesús. Con un movimiento elegante, Él venció toda la oposición, todas las acusaciones, toda la condenación, toda la vergüenza, y no dejó ninguna evidencia de nada de eso. Lo único que quedó fue gracia.

Este momento también nos dice mucho de nosotros mismos. La multitud pensaba que tenía a Jesús atrapado entre la espada y la pared. ¿Cumples la Ley y haces lo que se requiere, transgrediendo la ley más elevada del amor en el proceso? ¿Triunfa la santidad de Dios sobre la gracia de Dios? ¿Deshonraría a Dios este hombre santo simplemente para salvar a una pecadora indigna? Si Jesús le hubiera mostrado gracia, ellos estaban listos para condenarlo a Él también.

Los movimientos de Jesús fueron mínimos. Cada una de sus pinceladas fue suave. Su único esfuerzo, según se nos dice, fue escribir algunas palabras no conocidas en la arena que tenía ante sus pies. Se necesita mucha energía para ser crítico, y mostrar gracia puede ser incluso más difícil. Jesús hace que parezca tan fácil, que el genio de su gracia podemos pasarlo por alto fácilmente.

Al tener delante ese dilema inconquistable, mostró que la Ley solamente existe para señalarnos hacia la gracia. O como lo resumió Pablo tan sucintamente en su carta a los gálatas: "Pues toda la ley puede resumirse en un solo mandato: 'Ama a tu prójimo como a ti mismo'". La Ley es un soporte para aquellos que no han aprendido a caminar en la gracia.

Los lingüistas han demostrado que mientras más experiencia tiene una cultura con algo, más palabras crea para describir los matices de esa experiencia. Más palabras para la nieve en el Ártico; más palabras para el verdor en los trópicos. Del mismo modo, hay un universo de palabras que describen la gracia: bondad, compasión, generosidad, empatía, humildad, y también belleza, elegancia, y lo divino. ¿Y si nos convirtiéramos en expertos en el campo de la gracia? ¿Y si hiciéramos que fuera nuestro idioma, nuestra esencia, nuestro genio?

. . .

En 2020 tuve la oportunidad única de entrevistar a Ben Affleck. No era la primera vez que me habían pedido que entrevistara a una estrella de primera línea de Hollywood en *Mosaic*, pero fue la primera vez que había aceptado la oferta. Utilizar *Mosaic* como una plataforma para dar voz a las celebridades nunca ha sido lo que hacemos.

Esa política puede parecer ilógica. Hace treinta años atrás, plantamos intencionadamente nuestra iglesia en el corazón de Hollywood, en la esquina de Hollywood Boulevard en la avenida La Brea, y siempre supimos que nuestra misión era influenciar a quienes son los narradores y los creativos del mundo. Por tanto tiempo como puedo recordar, he creído que quien cuente mejor la historia se gana a la cultura, y por esa razón Los Ángeles era claramente el epicentro del futuro. Aun así, a pesar de que entiendo la importancia que tienen artistas, escritores, productores y directores a escala global, siempre quisimos que Mosaic fuera un lugar donde quienes trabajan en la industria pudieran explorar la fe y entrar en un viaje espiritual profundamente personal sin sentir que la iglesia intentaba aprovecharse de su fama. Razón por la cual exactamente cuando mi amigo Jonathan Bock me habló sobre entrevistar a Affleck acerca de su nueva película, *The Way Back* (El camino de regreso), dije que no.

La película relata la historia real de un fenómeno del basquetbol de la secundaria que se alejó del juego para hacer daño a su padre. Ahogado en la depresión, que fue agravada por una adicción a las pastillas y el alcohol, finalmente lo perdió todo: fama, dinero y familia. Años después, a regañadientes acepta un empleo como entrenador en su alma mater y tiene una última oportunidad de redención.

Mi amigo Jonathan sabe que soy un ávido seguidor de los deportes y que todavía me gusta jugar al basquetbol, de modo que pensó que la entrevista sería un encaje perfecto para Ben y para mí. Era una película acerca de segundas oportunidades, las luchas de la adicción y la esperanza de la recuperación, todos ellos temas importantes en nuestra comunidad en Mosaic. "El camino de regreso" es algo que todos buscamos en algún momento de nuestro viaje.

Jonathan fue tenaz, por decir lo mínimo. Después de varias negativas, finalmente me envió un texto que detallaba razones por las que él pensaba que era la oportunidad perfecta. También revelaba que Mosaic era la única comunidad de fe con la que estaban hablando él mismo y su equipo de *marketing*. Me encontré estando de acuerdo con la entrevista solo días antes de que estuviera programada para realizarse.

Para mí, el punto de inflexión fue sencillo. Sentí que una oportunidad de tener una conversación con Ben Affleck era demasiado buena para dejarla pasar, principalmente porque había llegado a la conclusión de que Ben era ateo, o como mínimo obstinadamente irreligioso. Recordaba que cuando él era mucho más joven, tuvo el papel principal en una película de Kevin Smith titulada *Dogma*, acerca de dos ángeles caídos que encuentran un resquicio que les permitía volver a entrar al cielo por un pequeño precio: el fin del mundo. Causan involuntariamente una batalla épica entre el bien y el mal en la que, para añadir sal a la herida del derecho religioso, una trabajadora de una clínica abortiva es reclutada para salvar el mundo. En su misión, tiene la ayuda de una *stripper*, el decimotercer apóstol, y Jay y Bob el Silencioso, presentados en esta película como dos profetas deslenguados que fuman hierba. *Dogma* era una película tan sacrílega y anticristiana como pudiera esperarse, y supuse que reflejaba los propios puntos de vista de Ben sobre Dios y la fe cristiana.

The Way Back era claramente un paralelismo de la propia historia de Ben. Durante los últimos veinte años, el actor ha vivido sus altibajos extremos bajo el escrutinio del ojo público. Ha sido laureado por películas como *Argo* y *Good Will Hunting* (Mente indomable) y ridiculizado por otras como *Gigli* y *Runner Runner* (Apuesta máxima). Su propia historia de adicción, alcoholismo y conducta autodestructiva es bien conocida. Es poco frecuente ver a una persona tener tales éxitos y fracasos extremos. Aunque solo fuera por unos momentos, esperaba explorar el funcionamiento interno de esta persona compleja y extraordinaria.

En cuanto estuve de acuerdo con la entrevista, el publicista de Ben comenzó a delinear los límites de la conversación. Yo no podía preguntar al actor sobre su batalla con la adicción. No podía preguntarle por su vida personal. No podía preguntarle sobre su familia, y de ninguna manera podía hacerle ninguna pregunta sobre su creencia o fe personal. En pocas palabras, no podía preguntarle sobre nada que importara. Solamente podía hablar de la película. Esas pautas tan estrictas casi hicieron que renunciara a la entrevista, pero por alguna razón sentí que de todos modos debía arriesgarme.

La entrevista tuvo lugar en *Mosaic* un domingo en la mañana durante nuestro servicio. Justo antes de sacar a Ben a la plataforma, me colé en su salón improvisado para presentarme y saludarlo. Sabía por mi investigación que, cuando Ben tenía trece años, había vivido en México por un año y hablaba español con fluidez. Pensando que podía romper el hielo, le pregunté en español si era verdad que hablaba con fluidez. Sin dudar por un segundo, él comenzó a hablar en español con tal facilidad que me permitió ver otro matiz de su historia personal.

Cuando estábamos en la plataforma, me sorprendió abriéndose en cada tema del que me habían dicho que no preguntara. Sin darle pie, él comenzó a hablar sobre su vida personal. Habló sobre su familia, y que su divorcio de Jennifer Garner fue uno de sus mayores fracasos. Habló sobre su lucha con la adicción. Habló sobre sus lamentos, y también habló sobre su fe.

Debo admitir que me descolocó cuando afirmó ser una persona de fe. No afirmó haber llegado a un credo o sistema de creencias en particular; era un buscador, y eso le parecía un buen lugar donde estar. Yo le dije que estaba un poco decepcionado, porque esperaba que él fuera ateo, y pensé que sería una conversación estupenda para tenerla un domingo en la mañana. Pero dijo que una razón importante por la que se consideraba una persona de fe era la idea de la gracia.

"Me resulta muy poderoso", dijo. "Mira, realmente emotivo, y convincente. La idea de que Dios, Jesús, nos ama y nos perdona. A todos nosotros. A cualquiera. A todas las personas que pensamos que son grandes; y a todas las personas a las que queremos juzgar y enojarnos con ellas... Realmente, es Dios poniéndonos un ejemplo para cómo podríamos ser".

Y siguió diciendo: "Hay personas contra las que tengo muchos resentimientos, y me resulta difícil perdonarles, de modo que guardo rencor. 'Me hicieron esto'. Alguien dijo en la iglesia: 'Eso es como beber veneno y esperar que muera otra persona'. Te aferras a ese enojo, y ese perdón es realmente un regalo para la persona que es capaz de perdonar... Poder soltar eso es en realidad un regalo tremendo para el yo".

Al final, dijo, que la persona más difícil a la cual perdonar había sido él mismo. "Lamento cosas que no necesariamente habría hecho diferente, pero lamento que sucedieran. Yo soy un hijo del divorcio. Creo que fue correcto que mi mamá le pidiera a mi papá que se fuera cuando yo tenía once años. Él tenía muchos problemas. No era capaz de manejar el ser padre... Yo tuve una historia distinta en mi propio matrimonio, pero creo que llegamos a una decisión acertada y sana para nosotros. Y, sin embargo, está el lamento porque sé que he causado dolor a mis hijos. Así que incluso decisiones que piensas que son correctas, 'Esta es la decisión correcta y positiva, está pensada y es constructiva', pueden dejarte con mucho dolor y lamento. Pero se trata del perdón. Si Dios puede perdonarme, quizá yo puedo perdonarme a mí mismo".

Vaya afirmación. Este actor de Hollywood habló sobre la gracia del modo en que solo una persona que ha aceptado su propio quebranto puede hacerlo. Él tenía tal afecto por la misericordia de Dios, que renovó mi propia apreciación de un regalo tan inmerecido.

La gracia solo se necesita cuando es inmerecida. Esta es la elegancia de la gracia. Este es su genio. Jesús nos dejó con una manera nueva de ver el mundo. Él nos liberó de la carga de juzgarnos unos a otros y condenarnos a nosotros mismos. Él nos eleva por encima de la culpabilidad y la vergüenza, y nos muestra una manera mejor de existir. El genio de Jesús le permitió encontrar la gracia para cada momento y cada persona. Cuando decidimos vivir por gracia y darla libremente, también nosotros entramos en el genio de la gracia.

Capítulo Seis

EL GENIO DEL BIEN

En torno a los catorce años me presentaron la ética situacional: el estudio de cómo aplicamos nuestros valores y leyes morales de diferentes maneras, dependiendo de las circunstancias. Me fascinaban los dilemas que nos alentaban a crear, el modo en que nos forzaban a considerar las prioridades según las cuales practicábamos nuestros valores. Si tu familia pasara hambre y el único modo de poder alimentarlos fuera robando pan, ¿sería ético robar? Si alguien entrara en tu casa y fuera a hacer daño a tu familia, ¿sería moral matarlo? Si tú y un grupo de otros sobrevivientes de un accidente de avión se estuvieran muriendo de hambre, ¿sería ético recurrir al canibalismo, o permitirías que todos murieran de hambre?

La tensión en la ética situacional es que la solución pocas veces es en blanco o negro. Algunas veces, es imposible mantener uno de nuestros valores más profundamente sostenidos sin dejar a un lado otro.

Es fácil creer que nunca robarías hasta que te estás muriendo de hambre.

Es fácil creer que nunca matarías hasta que tu vida está en peligro.

Es fácil creer que salvarías a todos hasta que te enfrentas con la realidad de que quizá solo puedes salvar a uno.

Cada día tomamos decisiones que desafían nuestros valores, incluso si lo hacemos de modo inconsciente. Cuando trabajamos largas horas, proveemos para nuestra familia a la vez que los privamos de nuestra presencia. Cuando hacemos un donativo a una organización benéfica en el Congo, al mismo tiempo estamos decidiendo ignorar una crisis de igual peso en Bangladesh. Mediante estas decisiones y muchísimas otras establecemos nuestra sensación de lo que importa en el mundo. No diríamos que no nos importan ciertas cosas, pero la realidad es que la vida nos obliga a ignorarlas funcionalmente.

Lo veo con más claridad en la manera en que diferentes cristianos toman sus decisiones políticas. Para muchos, el asunto ético singular es el aborto. Si eres pro-vida, es impensable e incluso poco ético votar por un demócrata que está a favor del derecho a decidir. Pero esta postura ha conducido a muchos de nosotros a justificar posiciones y acciones que de otro modo violarían nuestros propios valores éticos.

Recuerdo claramente el discurso público entre líderes cristianos con respecto a que la falta de carácter moral del presidente Bill Clinton era una descalificación para mantener el cargo de presidente de los Estados Unidos. Años después, ese estándar ya no se utilizó para medir la ética de apoyar al presidente Donald Trump. De hecho, algunos de los mismos líderes cristianos que se oponían a Clinton apoyaron estar con Trump con entusiasmo. Para muchos de mis colegas que no son seguidores de Cristo, esta aplicación de la ética situacional es profundamente confusa. No entienden que, para muchos que son pro-vida, todas las otras variables éticas son secundarias en su proceso de toma de decisiones. Este escenario se desarrolla en ambos lados de la división política. La mayoría de nosotros buscamos cómo podemos hacer el mayor bien en un mundo que a menudo está lleno de malas opciones.

La realidad es que ninguno de nosotros tiene tiempo para involucrarse en todo lo que importa, incluso si nos importa a nosotros. Una persona podría pasar toda su vida intentando llevar agua potable a las aldeas por toda África. Para otros, todo el enfoque de su energía podría ser poner fin al mercado global del sexo. Ambas personas se estarían entregando para lograr un bien mayor en el mundo. Al mismo tiempo, fácilmente podrían condenarse mutuamente por no participar en lo que ambos consideran la crisis humanitaria más importante de nuestra época. He visto esa situación muchas veces a lo largo de los años al liderar *Mosaic*. No puedo contar las veces en que personas han sentido que nuestra iglesia debería convertirse en la plataforma para su llamado o pasión personal. De hecho, uno de nuestros mayores retos ha sido encontrar maneras de hablar a los problemas culturales a la vez que mantenemos a Jesús en el centro de nuestro mensaje.

Nos demos cuenta o no, la vida real se trata de ética situacional. Cada día tomamos decisiones no solamente entre lo bueno y lo malo, sino entre el bien que haremos y el bien que no haremos.

Es ahí donde la vida se complica. La toma de decisiones es mucho más limpia cuando vemos el mundo en blanco y negro; es incluso más fácil cuando vemos el mundo como la opción entre el bien y el mal, como ha hecho tantas veces la religión. Este sistema de creencias, una guerra cósmica entre fuerzas espirituales que pelean por el destino de la humanidad, lo reduce todo a una de dos conclusiones: o Dios lo hizo, o fue obra de Satanás. Lo que ha sido un intento de aportar claridad moral a nuestra toma de decisiones ha creado en cambio el contexto para mucha conducta narcisista y sociópata. Sucedió el 27 de octubre de 1553, cuando el teólogo Juan Calvino, como delegado de la teocracia de Ginebra, hizo que quemaran en la hoguera por herejía a Miguel Servet, que era médico, teólogo y humanista. Sucedió cuando miles de inocentes fueron ejecutados durante la Inquisición española.

En nuestro tiempo, hay personas que se han colocado bombas en su pecho, convirtiéndose en armas humanas en el nombre de su Dios. Otras han utilizado sus creencias como justificación para el racismo, la opresión y la violencia. Cada uno de ellos creía que estaba actuando en nombre de Dios, aunque la historia demuestra que estaban trágicamente equivocados. Nunca debemos estar tan seguros de nuestra rectitud que no puedan mostrarnos que estamos equivocados. Algunas veces estamos totalmente equivocados.

Incluso si sacamos a Dios de la ecuación, la tarea sigue siendo abrumadora. Yo he sido una persona consciente del ecologismo por más de cuarenta años, y ha sido muy confuso. Pasamos orgullosamente del papel al plástico para salvar el medio ambiente. Yo estaba muy orgulloso de estar salvando árboles. Entonces supimos que salvar árboles llegaba a expensas de los océanos.

Nuestras vidas están llenas de dilemas como estos. Somos materialistas si compramos ropa cara, y propagadores de moda rápida destructiva si compramos ropa barata. Recientemente leí un artículo que decía que no se puede decir "Las vidas negras importan" si no somos también ecologistas. ¿Nos sometemos a la responsabilidad social de quedarnos en casa para luchar contra una pandemia, o marchamos para luchar contra la brutalidad policial? ¿Estamos de pie como patriotas, o nos arrodillamos como patriotas? ¿Me compro esos pantalones tejanos si no puedo rastrear su historia? ¿Soy culpable de consumismo? Incluso empresas como Nike han sentido el dilema ético de intentar hacer el bien global y que sus esfuerzos no sean lo bastante buenos.

Este punto de vista extremo de "el bien contra el mal" deja poco espacio para ser humano. La carga de tener que ser perfectos es más de lo que la psique humana puede soportar. Y aunque sin ninguna duda existe una batalla que se libra entre el bien y el mal, la mayoría de nuestras decisiones no se toman en esa encrucijada.

Es aquí donde el genio de Jesús nos da una manera nueva de entender la complejidad de la vida real. Jesús no nos enseña simplemente a ver la diferencia entre el bien y el mal, incluso a escoger entre lo bueno y lo malo. Él trata esas cosas como distinciones obvias. En cambio, Jesús nos enseña a escoger entre lo correcto y el bien. Puede parecer contradictorio, pero el mayor enemigo de hacer el mayor bien es vivir la vida intentando siempre ser correcto.

• • •

UNA DE LAS técnicas interesantes en la Escritura se produce cuando el escritor une eventos aparentemente desconectados para establecer el mismo punto. Mateo hace eso cerca de la mitad de su Evangelio, al registrar dos conversaciones separadas en las que Jesús lidió con la tensión existente entre hacer lo correcto y hacer el bien.

La primera parece bastante inocua y casi irrelevante. Una tarde, después de que Jesús y sus discípulos habían estado viajando por un tiempo, se encontraron caminando por un campo de trigo. Los discípulos tenían hambre, de modo que comenzaron a agarrar espigas y comer el grano.

Es importante observar que esta historia tuvo lugar en el día de reposo. Cuando los fariseos lo vieron, señalaron que Jesús y sus discípulos estaban violando la ley del día de reposo. No se permitía trabajar ese día santo, y en sus mentes, agarrar trigo de un campo era demasiado parecido al trabajo de cosechar grano.

La reverencia por el día de reposo era algo inherente a la cultura judía. Fue el séptimo día cuando Dios descansó de su obra de creación. Fue Dios quien estableció el día de reposo. Sin embargo, lo que había sido establecido como un día de descanso se había convertido en un día de reglas y regulaciones. Recordemos que el telón de fondo de esta conversación era que los hebreos habían añadido en torno a 613 leyes diferentes a las diez que Moisés les dio; 613 leyes para asegurarse de no ofender a Dios.

Como los fariseos eran expertos en la Ley y los Profetas, Jesús respondió recordándoles una historia de las Escrituras. Les preguntó si habían leído alguna vez lo que hizo David cuando sus hombres y él tuvieron hambre. Entonces les recordó que David entró en el Templo y que sus hombres y él comieron del pan ofrecido a Dios, aunque eso iba en contra de la Ley. Ese pan era sagrado, y solamente los sacerdotes tenían permitido comerlo.

Entonces, como los líderes religiosos estaban tan decididos a guardar la Ley, Jesús los presionó un poco más, preguntando si no habían leído en la Ley de Moisés que cada día de reposo los sacerdotes en el Templo quebrantan las reglas del día de reposo al trabajar en ese día, y sin embargo no son culpables. ¿Cómo es posible no hacer lo correcto y aun así ser considerado bueno?

Casi con un tono de desdén, les recuerda que Dios dijo: *"Misericordia quiero, y no sacrificio"*. Entonces, acusando a todo su sistema de ética, concluye con esta evaluación: "Si conocieran el significado, no condenarían a los inocentes; porque el Hijo del Hombre es Señor del día de reposo".

Su punto es el siguiente: si no tenemos cuidado, estaremos viviendo como si el objetivo en la vida fuera evitar hacer lo incorrecto. Por eso existe la ley, para guardarnos de hacer lo incorrecto; sin embargo, incluso si obedecemos todas las leyes, eso no siempre significa que hemos hecho algún bien.

Desde ahí, Mateo registra que Jesús salió del campo de trigo y entró en una sinagoga. Fue allí donde tuvo lugar la segunda historia, aparentemente no relacionada con la primera.

Seguía siendo el día de reposo, y el tema de discusión no había cambiado. Quienes se enojaron por la falta de reverencia de Jesús hacia el día de reposo buscaban un modo de acusarlo de no hacer lo correcto. Su atención recayó en un hombre que tenía una mano deforme y que estaba fuera de la sinagoga.

Los líderes religiosos vieron a ese hombre como la lección práctica perfecta. Volvieron a hacerle la pregunta a Jesús, pero ahora desde un ángulo distinto: "¿Permite la ley sanar en el día de reposo?".

Jesús comenzó a responder del modo en que lo hacía más frecuentemente: haciendo una pregunta. Él creó un escenario que podría describirse fácilmente como uno de ética situacional. "Si tuvieran una oveja y esta cayera en un pozo de agua en el día de descanso, ¿no trabajarían para sacarla de allí?". La pregunta era retórica. Él sabía muy bien que los líderes religiosos no dudarían ni por un momento en salvar a su propia oveja o cualquier otra posesión que tuviera valor para ellos. Entonces, Jesús afirmó lo obvio: "¿Cuánto más valioso es un ser humano que una oveja?".

Jesús se giró hacia el hombre por quien los líderes religiosos no tenían ninguna compasión ni interés, y le dijo: "Extiende tu mano". El hombre extendió su mano, y fue totalmente restaurada. Fue el modo de Jesús de añadir un signo de exclamación a una afirmación. Él no tenía paciencia para quienes se ocultaban detrás de hacer lo correcto para justificar no hacer el bien que podían hacer.

Existe una realidad innegable que enfrentarás si escoges la senda del bien: hay quienes prefieren ser correctos en lugar de hacer el bien. Y cuando decides emplear tu vida haciendo el bien, tal vez te encuentres en conflicto con quienes están seguros de que hacen lo correcto.

La aplicación más directa de estas historias del Evangelio es que nunca debemos permitir que nuestra religión evite que hagamos el bien. La religión crea estructuras que existen para minimizar el mal que hacemos (o para utilizar un término más familiar, la religión existe para evitar que pequemos). Esto es bueno cuando las estructuras mental y moral de la religión evitan que sigamos una conducta destructiva. Muchas veces, sin embargo, estas reglas y regulaciones se convierten en legalismos de nuestras vidas y piensan por nosotros.

El legalismo es una de las formas más bajas de pensar exactamente por esa razón: no requiere pensar. Se desarrollan el dogmatismo y el fundamentalismo cuando nos adherimos a principios considerados indiscutiblemente verdaderos, sin tener en cuenta la evidencia opuesta o las opiniones de otros. Es irónico que tanto el fundamentalismo religioso como el liberalismo socialista son expresiones extremas de sistemas de creencias dogmáticos.

Al principio en mi caminar de fe formaba parte de una iglesia que creía que bailar era malo. Se tomaban esta creencia tan en serio, que dijeron a una joven pareja italiana en cierto momento que su hija no podía bailar con su padre en su celebración de boda. Tanta alegría y tantos hermosos recuerdos perdidos debido a un pensamiento de tan bajo nivel.

Mientras estudiaba en el seminario, mi esposa, Kim, era apoyada económicamente por una pareja de su iglesia en Lester, Carolina del Norte. Cuando Kim y yo comenzamos a salir más en serio, le dijeron que no le seguirían apoyando financieramente si insistía en casarse con un inmigrante que no era de raza blanca. Me alegra mucho que Kim decidiera casarse sin considerar eso. Los dos habríamos perdido mucho si hubiéramos escuchado a esas personas.

He conocido a demasiados cristianos sinceros que creen que lo que Dios quiere para ellos es sufrimiento, y que no se permiten a sí mismos la libertad de amar la vida. Otros tienen tanto temor a arriesgarse al fracaso, que nunca experimentan el júbilo de una vida de fe genuina. Me resulta extraño que alguien pueda entrar en la libertad de Jesús y nunca sentirse libre para disfrutar de la belleza del mundo que le rodea, no sentirse nunca libre para reír, jugar o ser espontáneo, nunca sentirse libre para correr grandes riesgos y grandes aventuras, nunca sentirse libre para ser apasionado en el amor y en la vida. Viven sus vidas por obligación y mueren de una muerte lenta de lamento y callada desesperación.

Los líderes espirituales en la época de Jesús habían pasado toda su vida santificando el día de reposo. Este compromiso, aunque nacía de una intención noble, evitaba que vieran que lo más sagrado que podían hacer en ese día era ayudar a alguien a encontrar sanidad. Para Jesús, no había nada más sagrado que hacer el bien.

Ha habido muchas personas que han acudido a mí a lo largo de los años buscando consejo con respecto a la dirección de su vida. Muchos tenían veintitantos años, e intentaban escoger una carrera y un futuro. Otros se han acercado cuando tenían cuarenta o más, tras haber construido una carrera profesional increíble, pero encontrarse insatisfechos. Su crisis de identidad normalmente provenía de tener demasiadas opciones, y no muy pocas. Especialmente cuando son personas de fe, describen sentirse paralizadas por su temor a hacer lo incorrecto.

Mi consejo para ellas está arraigado en el marco del bien que Jesús enseñó. Les aliento a plantearse dos preguntas: ¿Qué se te da bien? ¿Cuál de esas cosas que se te dan bien te permitiría hacer el mayor bien en el mundo? Cualquiera que sea la respuesta a esas preguntas, ese es el bien que debes hacer.

Ser correcto se trata de ti. Hacer el bien se trata de otros. Cuando lo correcto está en guerra con el bien, escoge siempre el bien.

En la actualidad, parece que no hay límite en lo incorrecto que podemos hacer. Destruimos la atmósfera al manejar al trabajo, destruimos la vida de los océanos bebiendo agua embotellada, financiamos talleres clandestinos infantiles al comprar ropa, y avanzamos la desigualdad económica al aceptar un aumento. Todo lo que hacemos parece tener consecuencias para nuestro planeta o para su gente. Sin embargo, cualquier cosa que pienses acerca de la condición humana en su estado actual, si crees las Escrituras, el estatus de cómo comenzamos fue bastante diferente. Al principio, todo se trataba del bien.

¿Recuerdas cuando hablé antes de que los hebreos utilizaban la repetición como manera de enfatizar un punto? El primer ejemplo de una frase que se repite varias veces en las Escrituras se encuentra en el primer capítulo de Génesis: el relato de cuando Dios creó el mundo. Se registra cinco veces que, cuando Dios terminó su trabajo cada día, su obra era buena. El sexto día creó a la humanidad, concretamente al primer hombre y la primera mujer. Solamente después de haber creado a la humanidad a su imagen y semejanza es cuando Dios cambia su descripción. En lugar de observar simplemente su obra como buena, ahora se describe como muy buena.

Imagina un mundo en el que todo es una obra de arte y una expresión de belleza; en el que todo lo que hacemos, y todo lo que decimos, es verdadero. Imagina un mundo donde no solo nuestras acciones, sino también nuestros motivos, crean siempre vida. No tienes que preocuparte de qué decisión tomarás, porque hay un número interminable de buenas opciones que te esperan. El balance entre el bien y el mal se inclina asombrosamente en tu dirección. Ese es el mundo que Dios creó para nosotros.

El primer mandamiento que Dios dio a la humanidad en Génesis fue simplemente "coman libremente". Me encanta este mandamiento. En ese mismo capítulo, el texto dice: "El hombre y la mujer estaban desnudos y no se avergonzaban". Me resulta difícil imaginar un mundo en el cual puedo comer libremente y estar desnudo sin avergonzarme, pero eso es otra historia. En medio de un bosque rebosante de árboles frutales, había solamente un árbol prohibido para el hombre y la mujer. Aparte de eso, eran totalmente libres para escoger. Todo era bueno.

La mayoría de nosotros tenemos la sensación de estar abriéndonos camino luchando por una jungla de interminables malas opciones, buscando la única buena opción que se

156 El genio de Jesús

supone que debemos seguir. Cuando hablamos de hacer la voluntad de Dios, lo hacemos como si su voluntad fuera elusiva, y quizá incluso inalcanzable. Trabajamos desde la suposición de que cada decisión que tomemos fuera de la única opción que es la voluntad de Dios para nuestra vida es una decisión equivocada. No es extraño que muchos de nosotros nos sintamos paralizados y aterrados de actuar. La probabilidad de que nuestras decisiones sean equivocadas, incluso pecaminosas, es demasiado elevada para arriesgarnos. Hemos llegado a creer que la voluntad de Dios es como caminar sobre un cable muy elevado. Cualquier tropiezo, y nos caeremos del cable para encontrarnos con la muerte.

El huerto del Edén nos da una imagen muy diferente de cómo nos diseñó Dios para involucrarnos en la vida misma. Cada decisión que tomaron Adán y Eva, salvo una, fue buena. La evaluación que hizo Dios de quienes éramos fue que éramos buenos. Perdimos de vista esa bendición, y nos hemos estado ahogando en un océano de malas decisiones desde entonces. No es extraño que hayamos creado religiones con rituales y reglas para darnos una sensación de superioridad moral.

Pero el genio de Jesús es que Él hace que lo profundo sea dolorosamente obvio. Con cada uno de sus encuentros, Él mostró con toda claridad qué era lo correcto que había que hacer: haz el bien que tienes delante. Puede parecer simple, pero en realidad es una pincelada de genio.

Si te preocupa el pecado, intenta apartar tu enfoque de lo que deberías dejar de hacer, y en cambio pon tu atención en lo que deberías comenzar a hacer. La mejor manera de detener la conducta destructiva es hacer el bien. Hay muchas cosas buenas que hacer: ofrécete como voluntario para ser un hermano o hermana mayor, dedica un día a la semana a servir en un comedor social, crea comunidad cocinando para nuevos amigos, únete a un equipo de construcción de *Hábitat para la humanidad*, y hazte un bien a ti mismo tomando tiempo para hacer ejercicio, orar y dar largos paseos para disfrutar de la naturaleza y renovar tu espíritu. Si empleas tu vida en crear el bien y lo hermoso para ti mismo y para otros, te quedarás sin tiempo para la conducta destructiva. Si haces que la intención de tu vida sea hacer todo el bien que puedas, simplemente te quedarás sin tiempo para preocuparte de las cosas que antes pensabas que no podías cambiar.

Por ejemplo, al haber trabajado con los pobres urbanos por cuarenta años, sé que, como regla, es una mala idea dar dinero en efectivo a las personas sin hogar. Sin embargo, algunas veces lo hago de todos modos. Sería muy fácil esconderme detrás de mis principios y de mi ética de mayordomía financiera y de mi experiencia al trabajar con culturas de adicción, enfermedad mental y pobreza extrema. Sé que ayudar a una persona una vez no hace mella en el problema. Sin embargo, ha habido muchas veces en las que simplemente sentí en mi instinto que era lo correcto que había que hacer. O quizá más concretamente, lo correcto que yo tenía que hacer. Tal vez es un modo de asegurar que mi corazón no se endurezca detrás de mi lógica. Algunas veces, lo correcto que puedes hacer es el bien que puedes hacer en ese momento concreto por la persona que tienes delante. No lo pienses demasiado.

Jesús nos hace libres del círculo interminable de preocupación acerca de hacer lo correcto. Nuestras vidas nunca se trataron de hacer lo correcto o lo incorrecto, más bien del bien y lo hermoso. En lugar de preguntar: ¿Cuál es la menor cantidad de bien que necesito hacer para estar en lo correcto?, deberíamos preguntar: ¿Cuál es el mayor bien que podría hacer con mi vida? Busquemos el bien, y sepamos que siempre es correcto hacerlo. Para eso fuimos creados. Para eso fuimos diseñados.

Si vives tu vida para el bien pondrás fin a la parálisis de la incertidumbre. Eso no significa que tendrás menos opciones. De hecho, lo contrario demostrará ser más cierto. Cuando comienzas a vivir tu vida para el bien, entras en un mundo de posibilidades interminables. Al principio podrías sentirte abrumado porque te das cuenta de que hay mucho bien que se puede hacer. Lo alentador, sin embargo, es que no necesitas ser bueno en todo. Quizá no sabes cantar, pero se te da muy bien la contabilidad. Quizá no eres una persona muy organizada, pero tienes interminables ideas creativas. Tal vez no eres un gran líder, pero te preocupas profundamente por quienes sufren. Encuentra tu bien y ponte a trabajar. Incluso si hipotéticamente hicieras lo incorrecto, no creo que vivirás con lamento por haber empleado tu vida en hacer algo que terminó siendo desaprovechado.

Lo hermoso sobre escoger entre lo bueno es que creas bien dondequiera que vas. No fuiste creado para hacer todo el bien que es necesario hacer. No fuiste diseñado para ser bueno en todo. Pero cuando descubres en lo que eres bueno y comienzas a entregar tu vida por completo a ese bien, empiezas a verte como genio.

Capítulo Siete

EL GENIO DE LO VERDADERO

Cuando mis hijos eran más pequeños, me acusaban de responder siempre sus preguntas con otra pregunta.

Una vez, mi hijo Aaron preguntó: "¿Yo soy demócrata o republicano?". Recuerdo que le hice una serie de diez preguntas, sabiendo que él respondería cinco de ellas de un modo que se inclinaría hacia el burro, y las otras cinco de modo que se inclinaría hacia el elefante. Frustrado por la falta de claridad, me preguntó qué significaba que él no encajara en ninguno de los campamentos. Yo le dije que significaba que era un pensador libre.

Cuando mi hija Mariah tenía dieciocho años, estaba decidiendo entre hacer una carrera como diseñadora de moda en el *Instituto de Moda de Diseño y Merchandising* o continuar su carrera como compositora y cantante. Ella quería desesperadamente que yo le dijera cuál era la decisión correcta, e insistía: "No necesito tus respuestas de maestro Yoda Zen. Solo necesito que me digas qué hacer". Yo estaba igual de desesperado por decírselo; en cambio, seguí haciéndole preguntas hasta que ella encontró sus propias respuestas.

Por extraño que pueda parecer, en muy pocas ocasiones les decía a mis hijos qué hacer. En cambio, pasé la mayor parte de sus vidas enseñándoles a pensar. Siempre he estado convencido de que decirles a los demás qué hacer les hace ser más débiles, y siento lo mismo acerca de dar respuestas a los demás, en lugar de guiarlos con preguntas. Las respuestas son como un acueducto diseñado para llevar nuestros pensamientos hacia un destino en particular. Las mejores preguntas funcionan como un pozo. Las preguntas correctas profundizan cada vez más en nuestras propias suposiciones, valores y motivos. Las respuestas son las herramientas de los doctores, mientras que las preguntas son las herramientas de los cirujanos. Las preguntas aclaran. Las preguntas exponen lo que estamos ocultando, incluso de nosotros mismos.

Si hay una cosa que he aprendido de Jesús es la siguiente: con frecuencia, la mejor respuesta es la pregunta correcta. Para frustración de todos los que lo rodeaban, Jesús nunca parecía responder las preguntas que le planteaban. Siempre encontraba un modo de redirigir la conversación. Se podría concluir fácilmente que Jesús simplemente estaba evitando el tema; sin embargo, lo cierto era realmente lo contrario: Él utilizaba las preguntas como un modo de ir directamente al corazón del asunto.

En muchos aspectos, la pregunta crea el contexto para la respuesta. Una pregunta puede ser un catalizador para posibilidades interminables, o puede ser un mecanismo utilizado para encarcelar nuestra mente, para limitar las respuestas que son posibles.

Hace años atrás, estaba hablando con un colega acerca de la soberanía de Dios. Él era reformado en sus creencias acerca de la salvación y estaba decidido a convertirme. Recuerdo su clara sensación de confianza cuando me hizo la que, para él, era la pregunta definitiva: "O bien es una fuente limitada, o un poder limitado". En otras palabras, Dios no está intentando salvar a todos, o es incapaz de salvar a todos. ¿Cuál de las posibilidades es?

Para ser sincero, la cuestión me pareció paralizante en el momento. Más adelante lo comenté con mi hermano mayor, Alex. Cuando planteé las dos opciones, él pareció sentirse genuinamente perplejo de que yo sintiera que había un dilema. Nunca respondió a la pregunta; simplemente preguntó: "¿Por qué son esas las únicas dos opciones?". Qué gran pregunta.

En el capítulo anterior vimos que las preguntas que le planteaban a Jesús a menudo estaban cargadas de oscuras intenciones y opciones forzadas. En esas conversaciones, los líderes religiosos tenían miedo a revelar sus motivos reales. Su intención singular era desacreditar a Jesús y demostrar que Él no era el Mesías, y pensaban que podían atraparlo haciéndole preguntas que ellos sabían que lo desacreditarían.

Con Jesús, la cuestión nunca era la pregunta. Las autoridades del Templo preguntaron si era legítimo sanar en el día de reposo, pero la cuestión era que Jesús se estaba ganando los corazones del pueblo. Si el mensaje del amor y la aceptación incondicionales de Dios era aceptado por las masas, entonces quienes controlaban el Templo y las sinagogas perderían su poder sobre el pueblo. La mayoría de las veces, su estrategia producía un efecto indeseado. Jesús sacaba a la luz su falsa arrogancia y la mostraba tal como era: dureza de corazón.

La mejor manera de evitar la conversación real es controlar la narrativa, pero Jesús nunca permitió que sus rivales o sus adversarios hicieran eso. Él siempre sabía de algún modo la pregunta que estaba detrás de la pregunta. Jesús tenía una capacidad sin igual de llegar a la verdad. Sus preguntas siempre obraban para revelar, para exponer, para disipar la oscuridad con su luz.

El modo en que Jesús lidiaba con las preguntas es una de las expresiones más poderosas de su genio.

• • •

Vivimos en un mundo donde nunca permitimos que la verdad se interponga en el camino de los hechos. Es asombroso el tipo de mentiras que podemos decir al escoger cifras y estadísticas que funcionen a nuestro favor. Cuando pensamos en los hechos, nos imaginamos información objetiva que existe aparte de nuestra interpretación subjetiva. Supongo que, en un mundo ideal, eso podría ser verdadero. Sin duda, no es cierto en el mundo en el que vivimos hoy.

En los meses anteriores a saber que tenía cáncer, supe que algo no iba bien, pero no sabía lo que era. Muchos médicos me daban recomendaciones y consejos contradictorios. Un doctor de confianza insistió en que no debía hacerme una biopsia para determinar si tenía cáncer. Las biopsias, según su experiencia médica, eran más peligrosas que útiles. Francamente, eso evitó que por varios años me hiciera una biopsia al no querer hacer algo que podría causar daño. Cuando finalmente me hicieron una biopsia, el cáncer había progresado a las etapas III y IV.

Y eso fue solamente el inicio. Cuando se determinó que tenía cáncer, llegaban consejos médicos de todas las direcciones. Un doctor insistía en que el único curso de acción seguro era la terapia con protones; otro me dijo que eso estaba anticuado y era ineficaz. Otro de ellos insistía en que debían tratarme con radiación dirigida, mientras que otro me dijo que eso estaba fuera de la cuestión. Un médico insistió en que el único enfoque viable era que me hiciera una cirugía robótica invasiva con la esperanza de que pudieran extirpar el cáncer, que en ese momento ya se había extendido más allá de la próstata hasta la vejiga y los nódulos linfáticos.

Todos ellos eran buenas personas, expertos que actuaban con la mejor de las intenciones; sin embargo, en retrospectiva, al menos dos de ellos estaban totalmente equivocados. Yo no sabía en qué verdad confiar.

¿Quién tenía la razón? Para mí, esa era la pregunta definitiva; y determinar la respuesta correcta era literalmente cuestión de vida o muerte. Demasiadas veces, descubrir lo que es verdadero es más complicado de lo que debería ser.

Creo que podría ser justo decir que la verdad es demasiado preciosa para ser puesta en manos de los hombres. Para llegar a la verdad, para llegar a las respuestas que pueden salvarte la vida, no puedes tener miedo a seguir planteando las preguntas adecuadas. Después de todo, fue Jesús quien nos indicó: "Pidan, y se les dará; busquen, y encontrarán; llamen, y se les abrirá la puerta".

Quizá la pregunta más infame que le hicieron jamás a Jesús fue planteada por Poncio Pilato, cuando estaba decidiendo si ejecutar a Jesús o ponerlo en libertad. Estaba claro que Pilato no quería estar en esa posición, e hizo todo lo que pudo para forzar a los líderes judíos a resolver el asunto entre ellos mismos, pero ellos necesitaban que Pilato se involucrara. Como gobernador del territorio, él era el único que tenía el poder para ejecutar a Jesús. Para hacer eso, necesitaría acusar a Jesús de un delito digno de muerte.

La conversación entre Pilato y Jesús la leemos como si fuera un combate de boxeo, con ninguna de las partes concediendo mucho a la otra. Pilato pregunta: "¿Eres tú el Rey de los judíos?". Jesús esquiva la pregunta: "¿Lo preguntas por tu propia cuenta o porque otros te hablaron de mí?". Pilato está claramente molesto. Él es un oficial romano, no un judío, y se considera así mismo por encima de los pequeños desacuerdos que hay entre ellos.

Entonces le pregunta a Jesús: "¿Qué has hecho?". Me resulta irónico que el juez en este escenario esté pidiendo al supuesto infractor que diga cuál es su delito. Jesús, como hace con frecuencia, acepta la pregunta sin responderla en realidad. Él explica que su reino no es de este mundo, lo que da a entender sin duda que es un rey. Entonces añade que sus sirvientes no han salido en su defensa porque su reino es de otro lugar.

Cuando Pilato vuelve a preguntar a Jesús si, de hecho, Él es un rey, Jesús redirige la conversación al verdadero asunto y explica que la razón por la que vino a este mundo era para testificar de la verdad, y que todo el que esté del lado de la verdad lo escucha a Él. Eso impulsa a Pilato a hacer una pregunta singular que se ha hecho eco a lo largo de la historia: "¿Qué es la verdad?".

No hay manera de que Pilato pudiera haber entendido toda la implicación de esa pregunta. Cuando Jesús dijo que vino a dar testimonio de la verdad, lo que quería decir era mucho más profundo que la pregunta de Pilato sobre si Él era un rey. La observación de Jesús era que Él no vino simplemente para decirnos la verdad, o para señalarnos a la verdad; en cambio, Jesús era la verdad. ¿Qué significa eso básicamente, y por qué debería importarnos? Vamos a analizarlo brevemente.

Todos tenemos momentos en los que estamos seguros de tener la razón, solo para descubrir más adelante que estábamos equivocados. Eso no significa que estuviéramos mintiendo. A menudo, sencillamente estamos en un error.

Mi esposa siempre se equivoca en cuanto a las direcciones, y me refiero a siempre. Pero ella nunca intenta hacer que me pierda. Simplemente no tiene una brújula interior para corroborar su absoluta certeza de que tiene la razón. En una ocasión, nos dirigíamos a recoger la cena en un nuevo restaurante favorito: *Din Tai Fung* (sus *dumplings* son de primera clase, por cierto). Mientras yo manejaba para ir hasta allí, Kim comenzó a decirme por cual camino girar, incluso mientras cuestionaba qué camino estaba tomando yo. En lugar de discutir acerca de las direcciones, simplemente le pregunté: "¿Has ido allí antes?". Ella respondió con un "No" contrito y avergonzado.

Nuestro concepto de verdad personal se parece un poco a eso. Suena definitivo cuando hablo de "mi verdad", pero mi verdad puede que no sea una expresión de lo que es verdadero. Nosotros no somos la fuente de verdad, incluso cuando sentimos que algo es totalmente cierto. Lo que a nosotros nos parece verdadero puede que no nos dirija adonde esperamos ir.

Para que exista la verdad, debe haber una fuente que sea confiable. Demasiadas veces carecemos de tal fuente. Durante la pandemia, por ejemplo, una de las frases más comúnmente utilizada era: "Tienes que confiar en la ciencia". Pero la verdad es que la ciencia permanece en silencio: los científicos hablan en nombre de la ciencia. Y aunque la ciencia nunca se equivoca, los científicos se equivocan todo el tiempo, no porque intenten engañar, sino simplemente porque cometieron un error. Existe una brecha entre la fuente y la voz. Como humanos, percibimos la verdad e intentamos aceptarla desesperadamente, pero nosotros no somos la verdad misma.

Cuando Jesús dice que Él es la verdad, está diciendo que no hay ninguna brecha entre la fuente y la voz. Podemos confiar en Él por completo, porque en lugar de percibir la verdad o aprender lo que es verdadero, Él es la única fuente de todo lo verdadero. Él es a la vez el científico y la ciencia. Él es en quien se puede confiar. Él nunca puede hacer que nos perdamos, porque es la brújula y la Estrella Polar. La verdad existe porque se puede confiar en Dios.

Aquel día en Jerusalén, dos hombres estaban de pie cara a cara en una batalla por la verdad. Uno actuaba como juez, listo para condenar a un hombre del que tenía buenas razones para creer que era inocente. El otro estaba allí condenado, aunque en su interior no había nada falso. Uno preguntó si podía conocerse la verdad. El otro declaró que conocerlo a Él era conocer la verdad. Uno trató la verdad como información que habría que descubrir. El otro dijo que la verdad era la esencia de su ser.

La respuesta a la pregunta de Pilato, "¿qué es la verdad?", lo estaba mirando a la cara. La respuesta de Jesús fácilmente podría haber sido: "La estás mirando".

· · ·

LA VERDAD SE ha entendido históricamente como algo que se descubre. Es algo que está ahí en el universo y que encontramos, y después utilizamos para algún tipo de fin productivo. El genio de Jesús era que Él hizo personal la verdad. Para Él, el asunto no es si tienes la razón, sino si eres verdadero. ¿Se puede confiar en ti? ¿Son claras tus intenciones? De este modo, Jesús cambia la conversación acerca de la verdad, de ser información a ser esencia. Si la verdad no existe en tu interior, serás incapaz de verla a tu alrededor.

Al inicio del último siglo, la ciencia se veía como la promesa de un mundo mejor y de una humanidad más evolucionada. Descubrimos la medicina moderna, la electricidad, los vuelos, y muchos otros avances. Teníamos en la punta de nuestros dedos el material para crear un mundo mejor, pero a mitad de siglo, la misma ciencia que nos prometía una nueva utopía nos produjo Hiroshima y Nagasaki. La verdad es un arma peligrosa en manos de una persona que no es verdadera.

Juan nos dice que Dios busca a quienes lo adoren a Él en espíritu y en verdad. Juan también registra que Jesús nos promete que, cuando venga el Espíritu de verdad, Él nos guiará a toda la verdad. Me pregunto si es posible que hayamos pasado por alto el significado más profundo de estas afirmaciones.

Muchos han considerado que sus creencias y sus convicciones les daban un monopolio sobre la verdad sin entender que al mismo tiempo los limitaron para poder ver lo que es verdadero. He conocido a científicos que fueron convencidos por pastores y padres que creer en Jesús requeriría de ellos que depusieran su compromiso con la ciencia. Les dijeron que no se puede creer en los dinosaurios y en el Génesis, en el *Big Bang* y en el Dios de toda la creación. ¿A cuántas personas reflexivas e inteligentes hemos mantenido alejadas de la fe porque confundimos creencia con verdad? Quizá no hay mayor falsedad que pretender ser el guardián de la verdad.

Cuando Jesús afirmó que Él era la verdad, no se refería a que era una supercomputadora humana con todos los datos y toda la información contenida en el universo. El punto no es que no lo fuera, sino que eso no era lo importante para Él.

Necesitamos ver la sutil diferencia entre la verdad y lo verdadero. La verdad se trata de precisión, mientras que ser verdadero se trata de intención. La verdad debe descubrirse primero en nuestro interior antes de poder verla en el universo que nos rodea. Buscar la verdad sin buscar lo verdadero terminará como un ejercicio de futilidad.

Esta es la realidad: a lo largo de tu vida obtendrás hechos, datos e información que son erróneos. Recordarás mal tu propio pasado, juzgarás mal las intenciones de otros, y a veces simplemente estarás equivocado en cosas de las que estabas muy seguro de tener la razón. Lo más probable es que te encuentres reconsiderando creencias atesoradas y convicciones profundamente mantenidas. El genio de Jesús es que reconoció que nuestra búsqueda de la verdad no se trata principalmente de intentar tener la razón.

Una de las experiencias humanas más poderosas se produce cuando maduramos hasta el lugar en el que podemos saber y reconocer que estábamos equivocados. No es inmoral estar equivocado; es simplemente humano. Y aunque a nadie le gusta estar equivocado, eso es bastante diferente a ser falso. Se puede estar equivocado a la vez que buscamos la verdad sinceramente. Pero la verdad en los labios de una persona que es falsa siempre tendrá la intención de engañar.

Eso es exactamente lo que sucedía en el juicio de Jesús. Pilato hizo su famosa pregunta no porque estuviera buscando la verdad, sino porque estaba huyendo de ella. Se vio atrapado en la política de su época, y la implicación de quién era Jesús tenía un reflejo directo en su propia posición y poder. Él no quería saber si Jesús era inocente; quería lavarse las manos de toda responsabilidad. Pilato no podía ver la verdad porque no estaba en su interior. Muchas veces, enmascaramos nuestro miedo a la verdad haciendo preguntas que creemos que nadie puede responder.

Hace años atrás me encontraba en un acalorado debate con un ateo brillante en una sesión semanal de preguntas y respuestas que realizábamos en *Mosaic*. Él estaba enojado con Dios por la hipocresía que experimentó al haber crecido en la iglesia. Había probablemente unas doscientas personas en la sala, pero este hombre era el único que hacía preguntas. No es que ningún otro tuviera nada que decir; simplemente, él no permitía a ningún otro la oportunidad de participar en la conversación. Cada vez que yo respondía su pregunta, él me planteaba otra sin detenerse a reflexionar.

Que un ateo esté enojado con Dios siempre me parece algo extraño. En la tercera o cuarta pregunta del hombre, me di cuenta de que no estaba haciendo ningún progreso; y tuve la sensación de que sus preguntas no eran sinceras. Sus preguntas no las hacía con el propósito de descubrir, sino para demostrar su superioridad intelectual. Estoy más que contento de admitir que muchas personas son más inteligentes que yo, pero ese no era el objetivo de esa reunión.

Justo antes de que el hombre planteara la que sería su última pregunta, le pedí que pausara. "Responderé una pregunta más", dije, "si es la pregunta que evita que le confíes a Dios tu vida". Lo desafié a que me hiciera la pregunta donde si yo respondía bien, él reconocería su necesidad de Dios y abriría su alma a la invitación de Jesús.

Se produjo un silencio que pareció una eternidad. El hombre pareció encontrarse en una encrucijada inesperada. Estaba cargado de preguntas que lo habían alejado de la fe, pero no estaba preparado para expresar la única pregunta que le permitiría creer. Finalmente rompió el silencio pidiéndome posponerlo para otra ocasión. Dijo que la pregunta era demasiado importante para plantearla con tan poca antelación, y preguntó si podía pensarlo una semana y regresar a la semana siguiente para continuar la conversación. Yo dije: "Claro que

sí. Tómate tu tiempo y encuentra las preguntas que te condu-
cirán a las respuestas que buscas".

Nunca regresó. A veces, el peso de esa pregunta definitiva es más de lo que estamos listos para soportar. Espero que
llegue el día en el que él encuentre la valentía para hacer la
pregunta.

• • •

Se podría pensar que la verdad nos haría más dogmáticos,
pero, de hecho, lo cierto es lo contrario. La persona que busca
genuinamente la verdad tendrá siempre una mente y corazón
abiertos. Cuando alguien preguntó a Jesús cuándo traería su
Padre la culminación de los tiempos, su respuesta fue bastante sencilla: "No lo sé". Cuando nos aferramos con demasiada fuerza a las verdades que nos dan consuelo, estamos en
peligro de escoger la seguridad de una mentira.

Tengo muchos amigos que se consideran a sí mismos
ateos, y me he dado cuenta con los años que no todos los
ateos son iguales. Cuando alguien se identifica a sí mismo
como ateo, siempre le pido que aclare lo que quiere decir con
ese término. "¿Eres el tipo de ateo al que le encantaría saber
que había un Dios si existiera, o eres el tipo de ateo que no
querría saber si está equivocado?". Creo que es un ejercicio
útil para todos nosotros, independientemente de cómo nos
identifiquemos.

Las respuestas que he recibido a lo largo de los años son bastante variadas. Ha habido ateos que me dijeron que, aunque no creen que haya evidencia empírica de la existencia de Dios, les encantaría saber si estaban equivocados. Admiten que no saben con seguridad que no hay Dios, simplemente es su conclusión más honesta. Entienden que sus convicciones se basan en una interpretación de datos y están abiertos a nueva información.

Otros han respondido a mi pregunta diciéndome que saben que no hay Dios. No tienen duda de que Dios no existe, y están totalmente convencidos de que quienes están en desacuerdo deliran. Se consideran a sí mismos supremamente racionales, y creen que sus conclusiones no son interpretaciones de hechos ni están teñidas por la subjetividad. Su conclusión subyacente es: lo que ellos saben es todo lo que se puede saber.

Recuerdo a un hombre que me dijo claramente: "Yo soy el tipo de ateo al que no le importa". Para él, la posibilidad de Dios parecía invasiva e intrusiva en su vida. Intrusiva en el sentido de que, si Dios tiene consciencia y es algo más que una energía universal, entonces probablemente tiene intenciones y expectativas para nosotros, su creación. Peor aún, quizá sea un Dios moral, que nos hará rendir cuentas por el modo en que nos tratamos los unos a los otros. Esas suposiciones no son equivocadas. Si hay un Dios, y nos creó a su imagen, entonces nuestras vidas tienen a la vez intención y responsabilidad.

Pero ese es el punto. El genio de Jesús es que Él no nos permite deshumanizar la verdad, considerándola como mero conocimiento intelectual que podemos tratar como queramos. La única verdad que realmente importa es la verdad que nos cambia. Si la verdad no te hace ser verdadero, entonces es una mentira.

Esta idea debería ser aleccionadora para aquellos de nosotros que somos cristianos.

Si hemos sido transformados por un Dios amoroso, ¿no deberíamos llegar a ser más amorosos?

Si hemos experimentado perdón, ¿no deberíamos ser más perdonadores?

Si hemos llegado a conocer la fuente de esperanza, ¿no deberíamos ser más esperanzados?

Si hemos sido recreados por el Creador que es la fuente de toda creatividad, ¿no deberíamos llegar a ser más creativos?

Si pertenecemos a Aquel que es bueno, hermoso y verdadero, ¿no debería reflejarse en quiénes somos también nosotros? ¿Acaso no somos la prueba singular que queda para comprobar si lo que Jesús afirmó es verdadero?

Es innegable que el universo tiene intención. Incluso quienes no creen en Dios defienden nuestra responsabilidad moral cuando se trata de problemas como la desigualdad o el cambio climático. No es necesaria una creencia en Dios, o una creencia en que los humanos tenemos mucho control sobre el calentamiento global, para reconocer que los humanos hemos dañado los océanos, hemos contaminado la atmósfera, y hemos hecho daño a incontables especies que comparten este planeta con nosotros.

Para que este planeta sostenga la vida, toda planta, ecosistema y criatura debe hacer aquello para lo que fue diseñado. La existencia humana depende de la intención que hay detrás de cada detalle de la creación. Sin embargo, nosotros somos la especie singular en este planeta que se ha convencido a sí misma de que existe sin intención. Vivimos en este ecosistema extraordinario, en el cual todo es interdependiente y está interconectado, y sin embargo nuestra consciencia nos ha convencido de que estamos fuera de la naturaleza, no dentro de ella. Las escrituras nos dicen que toda la creación declara la gloria de Dios. Eso nos incluye a nosotros, o al menos así había de ser.

El problema no es que la ciencia no señale a Dios. El problema es que nosotros no señalamos a Dios. Parece que el universo señala en la dirección equivocada, pero es la humanidad la que va en la dirección equivocada. Quizá es difícil creer que la creación tiene lo que la humanidad está perdiendo.

Cada mañana me despierto confiado en que el aire que respiro es lo que necesitarán mis pulmones.

Cada mañana doy por sentado que la gravedad mantendrá todo en su lugar y, al mismo tiempo, no me aplastará bajo su peso.

Cada mañana despierto sin la menor preocupación de que la distancia entre el Sol y la Tierra no siga siendo exactamente la que debería ser.

Cada mañana actúo como si estuviera sobre terreno firme mientras la Tierra está en movimiento constante, flotando en la inmensidad del espacio.

Cada mañana vivo como si se pudiera confiar en el universo.

Parece que la única pregunta que permanece es: "¿Y yo?".

¿Se puede confiar en mí? ¿Soy yo verdadero?

La pregunta se vuelve más universal a medida que salimos adelante en esta cosa llamada vida. No se puede sobrevivir a la vida sin tener al menos un nivel mínimo de confianza. Cada día se nos requiere que pongamos nuestra confianza en personas a quienes no conocemos y quizá nunca volvamos a ver. Comemos en restaurantes, volamos en aviones, y tomamos vitaminas diseñadas y empaquetadas por empresas cuya meta principal es la ganancia. Y ese es justamente el nivel de confianza que se requiere para que podamos pasar el día. Irónicamente, si realmente conociéramos a esas personas de quienes dependemos, incluso las viéramos, tal vez decidiríamos no confiar en ellas.

Cuando nos adentramos más profundamente en las relaciones humanas, la confianza se vuelve más esencial. No podemos tener intimidad sin confianza. No podemos tener amistades sin confianza. Ni siquiera podemos tener estabilidad económica sin confianza. Ponemos nuestro dinero en bancos que con frecuencia lo han utilizado mal. Leemos un libro de un autor que no conocemos, y decidimos, de modo consciente o inconsciente, si creemos lo que está diciendo. No hay ninguna arena de la experiencia humana donde no se requiera confianza. Desde el amor, la amistad, el matrimonio, los negocios o los gobiernos, todo lo que construyen los humanos está edificado sobre la confianza.

Pero va más profundo que eso. Los seres humanos están diseñados para vivir en la verdad. Cualquier cosa menos que la verdad es tóxica para el espíritu humano. No hay mentiras piadosas, incluso cuando sean bien intencionadas. Cuando un socio de negocio oculta las luchas financieras de su empresa "hasta que podamos arreglarlo", no solo pierde la ayuda de sus socios, sino que también pierde su confianza. Cuando un médico me dice lo que yo quiero oír, lo hace a expensas de decirme la verdad que necesito escuchar. No podemos avanzar hacia la salud sin la verdad.

Hemos reducido las conversaciones sobre la verdad a moralizar sobre las consecuencias de la mentira. Pero el punto no es simplemente que mentir está mal; es que mentir es tóxico. Cuando nos permitimos a nosotros mismos ser falsos, estamos envenenando nuestra alma. Esto se trata de mucho más que decir la verdad; se trata de ser confiable, porque la verdad habita en nuestro interior.

Quizá la pregunta más importante que podemos plantearnos a nosotros mismos es la siguiente: "¿Soy yo verdadero?".

¿Cuál es mi intención hacia los demás? ¿Deseo solamente el bien a los demás, incluso a aquellos que me desean lo malo? ¿Soy fiel a mi palabra? Más que eso, ¿están mis palabras y mis acciones en tal consonancia que vivo en la verdad?

Cuando eres verdadero, eres transparente. La gente puede ver tus intenciones. Se debe a que no tienes nada que ocultar. Creo que fue Mark Twain quien dijo: "Si dices la verdad, no tienes que recordar nada". Mientras más mientes, más tienes que recordar lo que dijiste.

Debido a una enfermedad neurológica en particular, tengo lapsos de memoria. O bien lo recuerdo todo a un nivel eidético, o no recuerdo nada. Aprendí temprano en la vida que mi cerebro no me dejaba ninguna otra opción sino decir siempre la verdad. Mientras más mientes, más tienes que recordar. Si dices siempre la verdad, no tienes que recordar nada. Quizá estoy equivocado, y lo estoy a menudo, pero no te mentiré. Espero ser como Natanael, a quien Jesús miró bajo el lente de la impiedad y dijo: "He aquí una persona en quien no hay falsedad": nada falso en esta alma.

• • •

No creo que sea fortuito que los dos nombres más significativos para el maligno sean Diablo y Satanás. Ambos nombres significan algo parecido a "calumniador", "mentiroso", "engañador" y "adversario". La maldad está en guerra con la verdad, en guerra con la fuente de verdad y en guerra con todos los que son verdaderos. La personificación del mal es aquel que no tiene verdad en él. O más dolorosamente, aquel en quien no se puede confiar.

De la misma manera que nuestros pulmones están diseñados para inhalar oxígeno y exhalar bióxido de carbono, nuestras almas están diseñadas para inhalar y exaltar verdad. La verdad es el hábitat natural de la especie humana, el lugar donde mejor vivimos. Cuando decidimos entrar en la verdad, independientemente de cuáles sean las consecuencias o el resultado, se parece a respirar aire fresco en nuestra alma.

Miro atrás a mi vida y me doy cuenta de que he empleado mi vida en busca de la verdad. He pasado mis años explorando el catolicismo, el misticismo, el budismo, la filosofía griega y occidental, y he leído incontables libros con la esperanza de encontrar mi senda hacia la verdad; pero no estaba buscando hechos. Me estaba buscando a mí mismo. Lo que me impulsaba no era la esperanza de que pudiera encontrarse la verdad, sino la esperanza de que yo pudiera llegar a ser verdadero.

No puedo expresar plenamente cómo me afectó descubrir que el papá que me educó no era mi padre biológico. No puedo enfatizar en exceso cuán confuso fue ser un inmigrante de El Salvador cuyo apellido era McManus. El apellido provenía de mi padrastro, pero cuando yo tenía unos catorce años supe que era un alias. Fue necesario que Jesús me ayudara a entender que la verdad existe porque se puede confiar en Dios.

Hay muchas verdades que se fueron revelando a lo largo de los años. Sin embargo, al final, ninguna de las cosas que estaban ocultas tuvieron los efectos negativos que mis padres habían anticipado. Cada vez que se me daba el regalo de la verdad, la verdad me hacía libre. Fue la ocultación de la verdad, con buenas intenciones, lo que terminó siendo tóxico para mi alma.

Quizá por eso la terapia es tan poderosa. Es un lugar donde finalmente podemos enfrentar nuestra verdad. La verdad, sin importar cuán dolorosa sea, es nuestro único camino hacia la sanidad y la integridad. Parece que Jesús sabía eso todo el tiempo. Su genio era que Él trasladó la verdad de lo abstracto a lo íntimo. Jesús hizo personal la verdad.

Si estás buscando la verdad, tu búsqueda comienza con llegar a ser una persona de verdad. La búsqueda de la verdad siempre debe comenzar con tu mundo interior. Es un viaje que comienza y termina con Jesús. Buscar la verdad es escoger el camino de Jesús. Cuando lo conoces a Él y sigues sus pasos, no solo comienza un viaje de verdad, sino que también encuentras la libertad cuando Él hace de ti una persona de verdad.

Capítulo Ocho

EL GENIO DE LO HERMOSO

Siempre me he preguntado: ¿alguna vez conocen los genios verdaderamente la medida plena de lo que han creado?

¿Entendía Leonardo da Vinci que, durante generaciones venideras, multitudes estarían delante de la Mona Lisa y contemplarían sus ojos, perdidos en su belleza? Cuando Michael Jordan dio un salto desde la línea de tiros libres hasta una altura que nadie imaginó jamás que fuera posible, ¿tenía la más ligera idea de que se convertiría en un momento icónico para el juego del basquetbol y el símbolo de una de las marcas deportivas más exitosas del mundo? ¿Sabía Einstein que sería identificado para siempre con $E = mc^2$?

Pocos recuerdan los nombres de Perugino, Pinturicchio, Ghirlandaio o Rosselli. Todos ellos fueron artistas importantes del Renacimiento con el encargo de pintar las paredes de la Capilla Sixtina. Años después, un artista llamado Miguel Ángel pintó el techo. ¿A qué se debe que él, y solamente él, es recordado como el genio que está detrás de esta obra de arte?

La ironía es que Miguel Ángel no quería ese encargo. Él era escultor, no pintor. No prefería los pinceles; prefería hacer la estatua de David que pintar un techo y, sin embargo, aceptó la tarea y la utilizó para dar entrada a un enfoque totalmente nuevo del arte que definió el Renacimiento. Después de Miguel Ángel, las obras de sus predecesores, incluso de sus contemporáneos, excepto Rafael, quedaron obsoletas. En la actualidad, la Capilla Sixtina es inseparable del nombre de Miguel Ángel.

El genio siempre deja una marca. Se destaca sin tener nunca que hablar de su diferencia. Tal vez no sepamos cómo definirlo, pero lo reconocemos cuando lo vemos. Lo que vemos es algo que nunca antes hemos visto. Si somos afortunados, eso no solo cambia el modo en que vemos el mundo, sino que también nos cambia a nosotros mismos.

En este libro hemos visto el genio de Jesús con los lentes de cómo abordaba los dilemas humanos más profundos: el abuso de poder, la lucha por la libertad, la batalla por el perdón, la senda hacia nuestro yo más humano, y la tensión de vivir a la altura de ideales humanos inalcanzables. Pero la cruz fue su obra maestra, su Capilla Sixtina, un evento singular que trasciende todo el tiempo y espacio, y sigue resonando hasta hoy.

Su decisión de salvar al mundo mediante el sacrificio de su vida no fue nada menos que genio. ¿Cómo se resuelve el problema del corazón humano si no es una persona cada vez? ¿Cómo se reconcilia a todo el mundo con Dios? Como un fractal que se replica a sí mismo una y otra vez, la muerte, sepultura y resurrección de Jesús se replican cada vez que alguien le entrega su corazón a Él. La cruz nos transporta a cada uno de nosotros a nuestra propia muerte, sepultura y resurrección, mostrándonos contra todo pronóstico que morir a nosotros mismos puede convertirse en un camino hacia la vida. Es la explicación del sufrimiento que nuestras almas anhelan, y la esperanza de vida más allá de la sombra de muerte.

La cruz es la historia que las palabras no podían contar, la solución elegante para nuestros problemas más complejos. La cruz es tragedia. La cruz es belleza. La cruz es el genio de Jesús.

Es difícil describir cuán improbable habría sido todo eso. Antes de que Jesús caminara sobre este planeta, la cruz se consideraba en un solo sentido, y solamente uno: como un instrumento brutal de muerte. Supongo que se podría describir como una expresión de genio romano, si la meta fuera encontrar un método de ejecución que pudiera crear el mayor sufrimiento posible, humillación y brutalidad. Pero para las naciones conquistadas por los romanos, la cruz habría sido algo que temer, no que celebrar.

Ahora, miles de años después, la cruz se ha convertido en un símbolo universal del sacrificio de Dios por toda la humanidad. Yo argumentaría que es también la mayor expresión de genio que la humanidad ha conocido jamás. ¿Cómo se puede tomar el mayor instrumento de muerte del mundo y transformarlo para siempre en el mayor símbolo de vida?

Como con muchas otras cosas, Jesús podía ver lo que nosotros no podíamos ver. Cuando sus amigos lo vieron colgando en la cruz, lo único que podían ver era tragedia. Pero en un momento trascendental, Jesús no solo tomó un símbolo de tragedia y lo transformó en un símbolo de belleza, sino que también cambió el significado de la vida y la muerte mismas. El tiempo de vivir y el tiempo de morir ya no eran momentos separados.

Nadie podría haber imaginado que la muerte se convertiría en un camino hacia la vida. En un momento, Jesús cambió nuestras mentes acerca de lo que era posible. Él tenía en su interior todo lo bueno, lo verdadero y lo hermoso. Pasó su vida poniendo carne y hueso a la verdad; se convirtió en la definición del bien. Entonces nos confundió a todos ofreciéndose a sí mismo como sacrificio por todos nosotros, que éramos mucho menos. Al hacerlo, convirtió el momento más trágico de la historia en la mayor expresión de belleza de la eternidad.

· · ·

SIEMPRE HE ENTENDIDO la historia humana como dos narrativas contrapuestas que se entrelazan juntas. Tenemos la narrativa de la belleza y la narrativa de la tragedia. Salomón lo describe a su manera poética tan única en el libro de Eclesiastés:

Todo tiene su momento oportuno; hay un tiempo para todo lo que se hace bajo el cielo:

un tiempo para nacer, y un tiempo para morir;

un tiempo para plantar, y un tiempo para cosechar;

un tiempo para matar, y un tiempo para sanar;

un tiempo para destruir, y un tiempo para construir;

un tiempo para llorar, y un tiempo para reír;

un tiempo para estar de luto, y un tiempo para saltar de gusto;

un tiempo para esparcir piedras, y un tiempo para recogerlas;

un tiempo para abrazarse, y un tiempo para despedirse;

un tiempo para intentar, y un tiempo para desistir;

un tiempo para guardar, y un tiempo para desechar;

un tiempo para rasgar, y un tiempo para coser;

un tiempo para callar, y un tiempo para hablar;

un tiempo para amar, y un tiempo para odiar;

un tiempo para la guerra, y un tiempo para la paz.

Sigue diciendo: "He visto la tarea que Dios ha impuesto al género humano para abrumarlo con ella. Dios hizo todo hermoso en su momento, y puso en la mente humana el sentido del tiempo, aun cuando el hombre no alcanza a comprender la obra que Dios realiza de principio a fin".

Esta es la crisis existencial de Salomón. ¿Cómo puede un momento estar lleno de tanto dolor y otro de tanta alegría? ¿Por qué es la vida a menudo una contradicción insoportable de emociones y experiencias humanas?

En estas palabras, Salomón está reflejando lo que todos sentimos cuando enfrentamos tragedia, o cuando la vida es más de lo que podemos soportar. Si alguna vez te has preguntado: ¿Por qué me sucede esto a mí?, sabes exactamente de lo que estoy hablando. Incluso cuando nos sentimos atrasados en el dolor y el sufrimiento, hay algo trascendente en nuestro interior que busca darle sentido a la vida con el telón de fondo de la eternidad.

En medio de esta crisis de fe, Salomón considera singularmente importante la belleza, el hilo que entreteje toda la experiencia humana: "Hizo todo hermoso en su momento". Conocemos la belleza cuando la experimentamos: la belleza del primer aliento de tu bebé. La belleza del perdón no merecido. La belleza de dos amantes que han envejecido y son muy frágiles juntos y todavía caminan de la mano. La belleza de un momento de silencio cuando el mundo ruge en medio del caos. Pero he aprendido y he visto que el material con el que la belleza forma su mayor obra es a menudo la tragedia. Es como si belleza y tragedia fueran dos escritores, que toman turnos para escribir la novela de nuestras vidas.

Mi amigo Makoto Fujimura practica una forma de arte japonés milenario llamado *kintsugi*, en el que el artista derrama un metal precioso como el oro en las grietas de una pieza rota de cerámica. La elegancia y la belleza surgen cuando el metal se abre camino entre las grietas. De este modo, las imperfecciones se convierten en la fuente de la singularidad de la cerámica.

Alrededor de nosotros podemos ver la belleza de las cosas quebradas. Existe la belleza de la muerte noble. La belleza de la valentía al estar rodeada de violencia. La belleza de encontrar esperanza cuando todo está perdido. La belleza de la batalla para permanecer cuando uno ha caído. Dios es el autor de la belleza, especialmente cuando se trata de sacarla del caos. Cuando fue tocada solamente por la mano de Dios, toda la creación era un paraíso. Cuando nosotros nos hicimos cargo de la creación, enviamos al caos al universo, y la tragedia se introdujo en nuestra historia.

Pero la cruz nos fuerza a considerar: ¿y si la belleza no es suplementaria, sino esencial? ¿Y si la belleza no es simplemente una función de adorno, sino el material con el cual podemos sanar y extender esa sanidad a otros? ¿Y si la belleza es el fin de la violencia? ¿Y si la belleza puede salvar al mundo?

· · ·

Los antiguos griegos fueron una de las culturas que primero registran hablar de virtudes trascendentes: las verdades atemporales, eternas e intrínsecas que dan forma a nuestra realidad. Desde Parménides hasta Platón, de Aristóteles a Alejandro, su búsqueda sigue moldeando nuestra ética hasta la fecha. Ellos identificaron cuatro virtudes cardinales: sabiduría, valentía, templanza y justicia. También hablaron de "el bien, lo hermoso y lo verdadero" como trascendentales que informan y elevan todas las empresas humanas. Dondequiera que encontremos lo bueno y lo verdadero, creían ellos, también encontraremos belleza.

Si Jesús era Dios, como Él mismo afirmó, entonces esperaríamos que Él fuera la plenitud de todo lo que es bueno, verdadero y hermoso; sin embargo, fue anunciado que no veríamos belleza en Él. Cientos de años antes de su nacimiento, leemos a continuación cómo dijo Isaías que verían al Mesías quienes lo esperaban:

> Creció en su presencia como vástago tierno,
> > como raíz de tierra seca.
> No había en él belleza ni majestad alguna;
> > su aspecto no era atractivo
> > y nada en su apariencia lo hacía deseable.
> Despreciado y rechazado por los hombres,
> > varón de dolores, hecho para el sufrimiento.
> Todos evitaban mirarlo;

fue despreciado, y no lo estimamos.

¿Oíste eso? No había nada en cuanto a Jesús que consideraríamos atractivo, deseable o hermoso. ¿Cómo podía ser posible eso? Si Jesús era la expresión perfecta de belleza, ¿cómo es posible que no veríamos ninguna belleza en Él?

Las escrituras parecen ser conscientes de esta ironía. El rey David, en uno de sus salmos, describió la experiencia de mirar a Dios muy parecida a como esperaríamos que alguien que ve la Mona Lisa por primera vez lo describiera: "Una cosa he pedido al Señor, y esa buscaré: que habite yo en la casa del Señor todos los días de mi vida, para contemplar la hermosura del Señor, y para meditar en su templo". David entendió instintivamente que mirar a Dios era ser cegado por la belleza absoluta. Sin embargo, estas palabras están en contraste directo con el modo en que el pueblo de Israel vio a Jesús cuando caminó entre ellos.

Sus detractores fueron testigos de Dios en la carne, pero lo que vieron fue a un hereje y un demente. Lo acusaron de estar poseído por demonios, o en el mejor de los casos, dirigido por la locura. Incluso quienes eran de la ciudad natal de Jesús rechazaron sus afirmaciones y no vieron nada único o destacable en cuanto a Él. Se ofendieron porque Jesús intentara distinguirse a sí mismo. Para ellos, no era nada más que el hijo de un carpintero.

Esto hace que me pregunte: ¿es posible perder de vista lo que es hermoso? ¿Es posible llegar a estar tan perdidos en nuestra propia historia trágica que renunciamos a la posibilidad de que nuestra situación podría cambiar alguna vez? Si la belleza absoluta se acercara caminando hacia nosotros, ¿la reconoceríamos tal como era, o la despreciaríamos por lo que dijera sobre nosotros?

Cuando Juan, quien más adelante se convirtió en apóstol, vio a Jesús por primera vez, ¿quedó impresionado? Después de todo, Jesús apareció sin pompa, ni esplendor, ni riqueza o fama. No habría habido nada que los distinguiera a primera vista. Habría sido uno entre tantos que trabajaban con sus manos y no tenían miedo al sudor. Estaba marcado por callos en sus manos y una piel endurecida por el sol. Él no era el producto del beneficio o el privilegio, sino de la lucha y la independencia. Habría estado musculoso debido a las demandas de su trabajo, sin ninguna señal de vanidad. Solamente cuando comenzó a hablar fue cuando se distinguió. A pesar de su divinidad, Jesús era un hombre común y corriente que comunicaba un mensaje poco común. El Jesús que vio Juan el primer día que lo conoció, no es el Jesús que nos describe más adelante cuando escribe su Evangelio.

Más adelante, Juan escribió estas palabras sobre Jesús: "Y el Verbo se hizo hombre y habitó entre nosotros. Y hemos contemplado su gloria, la gloria que corresponde al Hijo unigénito del Padre, lleno de gracia y de verdad". En este pasaje, Juan describe lo que él y los otros discípulos vieron con sus propios ojos. Pero ¿vieron ellos realmente la gloria de Jesús desde el principio, o fueron ciegos a ella cuando Él caminó entre ellos por primera vez? ¿Pudo Juan escribir estas palabras solamente después de haber visto a Jesús resucitado del sepulcro? ¿O se produjo este cambio de perspectiva tres días antes, cuando Juan permaneció a los pies de Jesús mientras colgaba de una cruz?

En la prueba de la cruz, Juan estuvo en la intersección entre belleza y tragedia. En una colina conocida como Gólgota, observó cómo un hombre inocente no pedía misericordia para sí mismo, sino perdón y gracia para sus adversarios y enemigos. Fue aquí donde Juan vio la fuerza de la verdad inquebrantable en medio de mentiras y acusaciones falsas. Fue aquí, y solamente aquí, contra el telón de fondo del momento más oscuro de la humanidad, donde Juan pudo ver la maravilla de la luz del mundo.

No debemos pasar por alto el significado de las palabras de Juan simplemente porque el idioma nos resulta ajeno. Cuando la Biblia habla de la gloria de Dios, está describiendo el poder y la belleza absolutos de Dios. Y hay belleza a nuestro alrededor si tenemos ojos para verla. Hay belleza en las risas de los niños; hay belleza en una comida cocinada con amor; hay belleza en las palabras de bondad que se pronuncian con amabilidad; hay belleza en el más pequeño acto de compasión. Todo lo que Dios crea refleja su belleza. La belleza que te rodea glorifica a su Creador. Cuando ves belleza, estás mirando a Dios.

Creo que entendemos esto a nivel intuitivo. A nuestro alrededor en la naturaleza hay interminables colores y texturas, formas y tamaños, sonidos y aromas; una abundancia de

belleza que abruma nuestros sentidos. No deberíamos esperar menos del Dios que es la fuente y la medida de todo ello.
Todo artista crea de su propia esencia, y Dios no es diferente.
Todo lo que Dios crea es una expresión de lo hermoso no
adulterado. Es simplemente quien Él es.

También nosotros fuimos creados buenos, verdaderos y
hermosos; sin embargo, ahora nos parecemos más a una vasija
invaluable que se ha caído y se ha hecho mil pedazos. Nuestro
quebranto puede verse en nuestro dolor, nuestros temores,
nuestras dudas, nuestra desesperación, nuestra lucha contra
la soledad, nuestra sensación de insignificancia. Sabemos
que falta algo, que algo está quebrado, que algo no va bien.
Solamente el creador de esa vasija podría entender su valor
intrínseco. Solamente su creador tendría alguna esperanza de
restaurarla a su belleza original.

Hay genio en tomar una vasija rota y convertirla en un
Mosaico; en ver una obra de arte hecha añicos y escoger acen-
tuar, en lugar de ocultar, sus grietas. Usar un material que
antes se pensó que era indigno y hacerlo valioso: eso sí que es
hermoso.

La respuesta a nuestras preguntas existenciales es la
trascendencia. Toda la belleza, la maravilla y el misterio de
la eternidad están contigo en este momento, ahora mismo.
Nunca estás atrapado en un momento, pues cada momento
es un pasaje hacia tu futuro si lo tomas. No tenemos todo el
tiempo del mundo, pero dentro del tiempo, está lo eterno. Y
si el Dios de la eternidad habita en ti, el tiempo está siempre

de tu lado. La mejor manera de no ser abrumado por ninguna tragedia es saber que, incluso nuestro dolor y la pérdida y el sufrimiento se convertirán en una fuente de belleza al final.

. . .

Mientras estaba terminando el manuscrito para este libro, mi familia y yo nos escapamos unos días a México. Yo escribía en las mañanas y jugaba al *paddle* en las tardes. Era el cielo en la tierra. Debimos haber jugado cuarenta horas de acalorada competición sin incidente alguno. Si recuerdo correctamente, yo gané más veces de las que perdí.

El último día antes de regresar a Los Ángeles jugamos un último partido. Mi hijo y mi hija eran mis oponentes, decididos a enviarme a casa como perdedor. Lo último que recuerdo era correr a mi derecha para buscar una bola. Recuerdo perder el balance cuando comencé a caer hacia delante. Mi raqueta golpeó el piso, rebotó en la cancha, y me golpeó directamente en la cara justo debajo del ojo. Estuve tumbado por un momento, intentando recuperarme. Sentí que me caía sudor por la cara, y más adelante me di cuenta de que era sangre que salía de un corte profundo.

Después de ver a varios paramédicos, dos médicos y un cirujano, me encontré con quince puntos de sutura en mi cara. Incluso al escribir estas palabras, los puntos siguen intactos y hay una gasa cubriendo la herida. No tengo ni idea de cuán pronunciada será la cicatriz en mi cara cuando todo termine.

Mi dulce esposa, Kim, al intentar consolarme, dijo que podrían hacerme cirugía plástica para reparar mi cara y ocultar mi cicatriz. Yo sabía que ella solo intentaba ayudar, pero le dije que me quedaría con mi cicatriz. Ya tengo un conjunto amplio de cicatrices: una cicatriz por una cirugía en mi abdomen cuando a los doce años me explotó el apéndice y casi me envenena hasta morir. Seis cicatrices en mi estómago, donde un robot llamado *da Vinci* invadió mi cuerpo para extirpar el cáncer. Una cicatriz en mi brazo derecho donde un clavo oxidado me esperaba al final de la larga pedrera cuando corría por el campo. Cicatrices en mis muñecas que se parecen a marcas de cortes, de mis viajes interminables a consultas de médicos y al hospital cuando era niño. Cicatrices por una cirugía de rodilla. Y podría seguir enumerándolas; y esas son solo las cicatrices que se pueden ver. Hay también muchas otras que son invisibles para el ojo humano. Cicatrices que marcan mi alma, y que llevaré mientras camine en esta tierra. Las heridas están curadas, te advierto, pero quedan las cicatrices.

Durante el resto de mi vida, la nueva cicatriz en mi cara saludará a todo aquel con quien me encuentre. Pero mantenerla es la única opción. En primer lugar, de todos modos, nunca he sido tan guapo, y no confío en un hombre sin cicatrices. Pero, sobre todo, es una marca de mi historia. De mis victorias y mis derrotas; de mi alegría y mi dolor; de mi valentía y mi torpeza. Tendré una cicatriz en la cara, y me recordará quién soy. Me ayudará a reconocerme a mí mismo cuando me mire en el espejo. La llevaré con honor. Somos conocidos por nuestras cicatrices.

Incluso Jesús es conocido por sus cicatrices. Especialmente Jesús.

Se nos dice que, tres días después de que Jesús fue crucificado, la noche del primer día de la semana, que sería el domingo, los discípulos estaban reunidos. Seguían teniendo miedo a que los mismos líderes judíos que habían matado a Jesús pronto salieran contra ellos. Su precaución los condujo a reunirse en una habitación tras puertas cerradas con llave, y fue entonces cuando Jesús entró en la habitación y pronunció las palabras que nunca serían olvidadas: "La paz sea con ustedes". Juan nos dice entonces que Jesús mostró a los discípulos las heridas en sus manos y en su costado para confirmar que era Él.

Se nos dice que Tomás no estaba allí aquella noche en particular, y cuando los otros discípulos contaron su encuentro con Jesús, él fue indiferente y se negó a creer. Dijo: "Hasta que vea las marcas de los clavos en sus manos, y meta mi dedo donde estuvieron los clavos, y ponga mi mano en su costado, no lo creeré".

Una semana después, los discípulos se reunieron de nuevo en el mismo lugar, a la misma hora, y con el mismo resultado. Aunque las puertas estaban cerradas con llave, Jesús apareció otra vez entre ellos y los saludó con su declaración: "La paz sea con ustedes". Entonces se giró y miró a Tomás. "Pon tu dedo aquí", le dijo. "¿Ves mis manos? Pon tu mano en mi costado. Deja de dudar y cree". Fue entonces, solamente entonces, cuando Tomás clamó: "¡Mi Señor y mi Dios!".

Parece que Tomás solo pudo ver la belleza mediante las cicatrices; lo cual plantea una pregunta interesante: ¿cómo se mejora la perfección? Cicatrices. Cicatrices que permanecen en la eternidad. ¿Por qué no escogió Jesús soportar sus heridas en lugar de ocuparse de eso durante su resurrección? Si puedes conquistar la muerte, sin duda podrías ocuparte un poco de la cirugía plástica. Quizá sus cicatrices son eternas porque fueron hechas por amor, y el amor es eterno. Igual que Tomás, nosotros reconoceremos a Jesús por sus cicatrices. Estoy agradecido de que las mantuviera, pues son un recordatorio de que no solo sacó belleza de nuestra tragedia; llevó belleza a nuestra tragedia. La tragedia ya no tiene que definirnos, destruirnos o consumirnos.

Mi esposa, Kim, tiene una hermana llamada Renée. Tienen una relación muy cercana, ya que fueron huérfanas de niñas. Cuando Kim tenía siete años, ella y Renée fueron trasladadas a un hogar de acogida en las afueras de Asheville, Carolina del Norte. Renée era dos años mayor que Kim, y lo único que tenían en el mundo era la una a la otra. Era un lugar seguro, pero una vida difícil. Las llevaron allí para ayudar a ocuparse de la granja familiar, y eran tratadas más como mano de obra gratuita que como obras de amor.

Kim lo soportó. Hizo de ese hogar su hogar y de sus padres de acogida su familia. Renée finalmente huyó de allí y peleó para abrirse camino en el mundo. En los años siguientes, Renée fue mamá adolescente y se encontró viviendo en un proyecto de viviendas del gobierno. Cuarenta años después, tras años de batallar para crear una vida mejor, Renée es ahora la gerente muy respetada de varios proyectos de vivienda del gobierno.

Hoy, compartió con Kim una historia que conectaba nuestras vidas desde LA hasta Asheville. En un turno de uno de los proyectos de vivienda, un obrero de mantenimiento llamado Bobby descubrió que había un hombre sin techo viviendo bajo el porche de uno de los apartamentos. Evidentemente, el hombre se había peleado con su compañero de habitación y no podía permitirse rentar otro apartamento él solo; intentaba escapar del frío y la lluvia de la montaña en diciembre. Renée hizo que el conserje le llevara mantas y comida para que pudiera pasar la noche, pero sabía que tendría que echarlo de allí a la mañana siguiente.

Pero en lugar de lavarse las manos en cuanto a ese hombre, pasó la tarde buscándole un lugar donde vivir. Ella conocía a una pareja que se habían mudado recientemente a la zona de Asheville desde California, donde habían pertenecido a *Mosaic* aquí en Hollywood. Ellos no podían creer que Renée era hermana de Kim y que habían llegado a conocer a Renée en el otro extremo del país. Es un mundo muy pequeño. Ella les habló de la historia del hombre y les pidió si podían ayudar de algún modo. Ellos se ofrecieron a ocuparse del hombre y pagaron para que pudiera mudarse a un apartamento nuevo. Incluso mientras Kim compartía esta historia, me asombré de que Renée, la pequeña muchacha que no tenía hogar, que fue abandonada y sobrevivió en una vivienda del gobierno, se hubiera convertido en la guardiana entre el centeno en el mismo lugar donde ella había necesitado a alguien que la salvara. Sus cicatrices se convirtieron en sus marcas de belleza.

He visto esta narrativa desarrollarse en las vidas de incontables personas. Lo he visto en un abogado defensor que superó la pobreza y trabajó para poder estudiar derecho después de que a su padre lo acusaron falsamente de un delito y lo encarcelaron. Lo he visto en el niño que fue traumatizado de pequeño en un distrito con alto índice de crimen, donde fue testigo de los disparos a su hermano en una balacera fortuita desde un vehículo. En lugar de seguir un camino criminal, se unió al cuerpo de policía para llevar seguridad y paz a la comunidad de su niñez. Contra todo pronóstico y todas las expectativas, nuestras cicatrices pueden convertirse en nuestra fuente de belleza.

¿Y si, igual que Jesús, pudiéramos ver belleza en la tragedia? ¿Y si pudiéramos crear belleza incluso mientras estamos experimentando tragedia?

¿Y si, de repente, viéramos el mundo con los ojos de Dios y supiéramos que todas las cosas serían hechas hermosas en su tiempo?

¿Y si creyéramos que nuestras propias vidas eran una obra de arte divina, y también nosotros éramos lo hermoso?

Solo Jesús podría hacer hermosa la muerte. Solo Jesús podría sacar belleza de lo peor que la humanidad puede ofrecer. Si ninguna otra cosa marcara la vida de Jesús, solamente esta le haría ser la mayor mente que haya vivido jamás. A nosotros nos pareció que no había ninguna belleza en Él, y entonces hizo hermosas todas las cosas. Al final, esta fue su mayor obra de genio, y su promesa más persuasiva de lo que nuestras vidas podrían llegar a ser también.

• • •

HACE VARIOS AÑOS atrás hablé con una periodista de Nueva York. Ella estaba haciendo un trabajo sobre la espiritualidad entre la generación de los *millenials* y por qué se estaban abriendo a la fe. En un momento de la entrevista, hizo una pausa y planteó una pregunta que parecía menos para el artículo y más para sí misma. Ella se describió conmigo como una persona sin fe, y pude deducir que batallaba para encontrar las palabras adecuadas. "¿Cómo es el creer en Dios?", preguntó finalmente.

Me cayó bien esa periodista. Me cayó muy bien ella. Sentía que era sincera, inquisitiva y abierta, y pensé bien antes de responder. Cuando has estado haciendo esto por tanto tiempo como yo, comienzas a sentir el anhelo en el interior de una persona. Se siente como si alguien ciego te está pidiendo que le ayudes a entender el color, o como si alguien sordo está desesperado por experimentar el sonido. Yo sabía que ella estaba corriendo un riesgo. Quizá yo realmente había experimentado a Dios. Quizá podría ayudarle a saber cómo es eso. Tal vez podría ayudarle a reconocerlo si le sucedía a ella.

Mi respuesta fue parecida a lo siguiente: *No se siente como nada en particular el creer en Dios, pero déjame describirte lo mejor que pueda cómo es conocer a Dios. ¿Has estado alguna vez tan enamorada que eso cambia el modo en que ves y experimentas todo? De repente, todos tus sentidos se agudizan. Los colores son más brillantes y más hermosos. Los aromas explotan en tu nariz, y los sabores llenan tus papilas gustativas. Eres consciente de la maravilla de todo, y con cada respiración estás plenamente vivo.*

Puede ser abrumador. Te sentirás abrumado por toda la belleza que te rodea. Podría sentirse como si fuera más de lo que puedes soportar. Así es conocer a Dios. Es asombrosamente hermoso. Te deja sin respiración; te hace preguntarte cómo es posible que antes no fueras en absoluto consciente de ello. Te hace entender cuán trágico es que todo el mundo no pueda ver tal belleza. Lo único que ven es el sufrimiento y la devastación de un mundo aparentemente en ruinas. Mientras tanto, piensas para ti que no es necesario ser un genio para ver toda esta belleza. O quizá sí.

RECONOCIMIENTOS

Mi viaje del estudio del genio y de buscar a Dios se ha extendido durante toda mi vida. El genio de Jesús es mi intento de trasladar a las palabras el impacto extraordinario que la persona de Jesús ha tenido en mi vida, y en la historia de la humanidad. No podría haber escrito este libro sin las personas increíbles que me demuestran cómo se ve el genio de mil maneras diferentes.

Quiero dar las gracias a Esther Fedorkevich y a la Agencia Fedd por creer en mí y en el mensaje de *El genio de Jesús*.

A Tina Constable y mi equipo en *Convergent*: su apoyo ha permitido que este libro encuentre vida en forma física.

Derek Reed, gracias por tus comentarios y tu dirección en todo el proceso de edición.

Quiero dar las gracias a mis equipos creativo y de liderazgo en *Mosaic*. Juntos, hemos ganado muchas victorias y capeado muchas tormentas. Gracias por su apoyo y sus esfuerzos incansables por compartir la misión y al hombre de Jesús con el mundo. Veo genio en el modo en que cada uno de ustedes comunica el amor y la gracia de Él con nuestra ciudad y con personas en todo el mundo.

Gracias a Brooke Figueroa por toda la ayuda increíble que me has prestado para refinar este libro. Has sido esencial en el proceso.

También quiero dar las gracias a Alisah Duran, que proporciona un servicio muy valioso en nuestro equipo aquí en LA en más aspectos de los que puedo medir.

A mi mamá: tu exploración de la fe allanó el camino para que yo encontrara la fe que anhelaba tan desesperadamente. Gracias por estar siempre dispuesta a ser la primera en entrar en lo desconocido.

A mi esposa, Kim, y a nuestros hijos, Aaron, Mariah y Jake, y a Paty y Steve: ustedes han sido una prueba viviente para mí del genio que Dios ha puesto en el interior de cada persona. Ha sido un gran privilegio ser testigo de cómo su genio encuentra su camino hasta la primera fila de sus vidas.

Sobre todo, debo agradecer a Aquel que mostró a la humanidad lo que significaba volver a ser humano. Gracias, Jesús, por ofrecer tu vida en sacrificio para que yo encontrara vida. Gracias por vivir una vida de puro genio y después compartir ese genio con todo aquel que quiera llevar el manto de tu nombre. Tú me diste esperanza en que mi vida podría tener propósito y significado, porque tú eres la fuente de propósito y el autor del significado. Tú eres verdaderamente el mayor genio que el mundo conocerá jamás y, sin embargo, te das a conocer plenamente a todo aquel que te busca. Te amo.

ACERCA DEL AUTOR

Erwin Raphael McManus ha dedicado su vida al estudio del genio y a la búsqueda de Dios, sin saber nunca que los dos mundos colisionarían un día. Es un iconoclasta, emprendedor, escritor, diseñador de moda, cineasta y líder del pensamiento cultural, cuya intención singular es transgredir nuestra perspectiva de la realidad. McManus es el fundador de *Mosaic*, un movimiento eclesial con base en el corazón de Hollywood y con una comunidad que abarca todo el planeta. Es el aclamado autor de *El camino del guerrero*, *La última flecha*, y otros libros destacados sobre espiritualidad y creatividad. Sus libros han vendido más de un millón de ejemplares en todo el mundo, en catorce idiomas diferentes. McManus

estudió filosofía en la Universidad Elon y tiene una licenciatura en psicología de la Universidad de Carolina del Norte
en Chapel Hill, una maestría en divinidad del Seminario
Teológico Southwestern y un doctorado en humanidades de la Universidad Southwestern. Vive en Los Ángeles
(California) con su esposa, Kim McManus.

erwinmcmanus.com